PC im Eigenbau

Wie baue ich einen Computer zusammen

Das perfekte Buch für Einsteiger

© 2016 by Jerry Steiner

Inhaltsverzeichnis

Vorwort

Die Welt der Informatik ist heutzutage sehr komplex geworden. Bei dem Angebot an Hardware und Software verliert ein Laie schnell die Übersicht. In diesem Buch wird Schritt für Schritt erklärt, wie man sich mit der Hardware, sprich PCs und deren Komponenten sowie den Peripherie Geräten vertraut macht. Es wird erklärt, wie man sich selbst, seinen Bedürfnissen entsprechend, einen PC zusammenstellen bzw. bauen kann. Was für Funktionen Computer-bauteile, wie Mainboard, Prozessor, Arbeitsspeicher etc. erfüllen und worauf beim Kauf geachtet werden muss! In eigenen Kapiteln eingeteilt, werden alle Computer-bauteile einzeln in Ihren Funktionen und Bauarten erklärt. Danach werden die unterschiedlichen Anwendungsgebiete erläutert und den Kategorien entsprechend Konfigurationen zu passenden Computersystemen und Komponenten empfohlen. Darauffolgend wird das Zusammensetzen der jeweiligen Komponenten sowie des kompletten PC-Systems Schritt für Schritt erklärt. Ergänzend dazu werden die Bauprozesse mit Bildern ergänzt, um ein besseres Verständnis gewährleisten zu können.

Im zweiten Band dieser Buchreihe wird der Softwarebereich erklärt. Es werden verschiedene Betriebssysteme und deren Optimierung bzw. Funktionsumfang erläutert. Darüber hinaus werden verschiedene Programme empfohlen, die den unterschiedlichen Bedürfnissen der Anwender entsprechen und im PC-Alltag eine gute Unterstützung bieten.

Kapitel 1. Hardware

Wie es durch das Vorwort ersichtlich ist, bezeichnet man mit dem Wort „Hardware" die Bauteile eines Computers bzw. auch dessen Peripherie. Die wichtigste Frage die man sich im Vorfeld stellen muss, ist wofür man den Computer nutzen möchte. Es gibt viele Anwendungsgebiete, wo in der jetzigen Zeit Computer nicht mehr wegzudenken sind, und es werden täglich mehr. Die hauptsächlichen Anwendungsgebiete gerade im privaten Bereich (wobei dies auch eine Frage der eigenen Interessen ist) werden wie folgt eingeteilt:

- Office & Internet
- Gaming/Videospiele
- Video & Bildbearbeitung
- Musik
- Multimedia & Entertainment

Aufgrund der Zuweisung der eigenen Interessen und Anwendungsgebiete, kann der eigene Computer zielgerichtet auf diese Bedürfnisse zugeschnitten werden. Es hilft bei der Entscheidung, welche einzelnen Computerbauteile gekauft werden müssen bzw. worauf bei den Teilen geachtet werden muss. Natürlich spielt der Preis hier auch eine große Rolle. Entgegen der Meinung vieler, muss ein guter Computer nicht horrende Summen kosten. Dies ist auch der Grund wieso es immer vorteilhafter ist, sich seinen Computer selber zu bauen.

Es gibt durchaus Komplett-/Fertigcomputer die eine gute Leistung bzw. einen großen Funktionsumfang haben, jedoch ist hier das Preisleistungsverhältnis so gut wie nie gerechtfertigt. Also ist die zweite Frage, die man sich stellen muss, wieviel Geld für den PC investiert werden soll. Zusammengefasst sind also die im Vorfeld wichtigsten Punkte:

- Anwendungsgebiet
- Preis

Um eine gute Basis für dieses Buch zu schaffen, wird als Beispiel ein Computersystem gewählt, dass das beste Preisleistungsverhältnis hat. Darüber hinaus werden zusätzliche Tipps und Informationen zur möglichen Aufrüstung sowie Übertaktung (Leistungssteigerung) der Computersysteme gegeben. Somit hat jeder Leser die Möglichkeit sein Computersystem nach der selbst gewählten Preisvorstellung zu konfigurieren. Bevor wir uns für einen Bereich der Anwendungsgebiete festlegen, ist es wichtig zu wissen, dass die Basis des Computers weitestgehend immer die gleiche sein wird! Diese Basis besteht aus:

- Mainboard
- Prozessor
- Arbeitsspeicher
- Grafikkarte
- Festplatten
- Laufwerke
- Netzteil
- Gehäuse
- Kühlung

Abhängig vom Anwendungsgebiet legt man fest, wie Leistungsstark die Komponenten sein sollen bzw. für welche wir uns entscheiden werden (Marke, Hersteller etc.) Grundsätzlich gibt es bei fast allen Computerkomponenten immer drei Leistungs- bzw. Preiskategorien:

- Low End
- Mid End
- High End

Low End stellt die niedrigste Preis- bzw. Leistungskategorie dar. Mid End ist meistens die Kategorie mit dem ausgewogensten Preisleistungsverhältnis. High End ist die Kategorie mit der höchsten Leistung, jedoch auch mit dem größten Preis. In den nachfolgenden Kapiteln werden alle Computerkomponenten in eigene Kategorien eingeteilt und erläutert. Darüber hinaus werden begleitend Bcispiclc zu aktuellen Modellen und deren Preis gegeben sowie Leistungsmerkmale den Kategorien entsprechend erläutert. Hier ist es wichtig zu wissen, dass die gegebenen Beispiele für Computerkomponenten in den jeweiligen Bereichen eben nur Beispiele sind. Das bedeutet das diese Beispiele den aktuellen Standard darstellen, der sich im Computerbereich sehr schnell ändern kann. Das Portfolio ist hier sehr groß. Die grundsätzliche Konfiguration wird immer auf das beste Preisleistungsverhältnis abzielen. Doch kann anhand der Leistungsmerkmale, die in jeder Kategorie erklärt werden, zu jeder Zeit ein optimales Computersystem zusammengestellt werden. Empfehlungen und Tipps zu Peripheriegeräten, entsprechend der Anwendungsgebiete werden gesondert erläutert. Im letzten Kapitel wird dann der Zusammenbau des Computers in einzelnen Schritten erklärt.

Mainboard

Das Mainboard stellt die Hauptplatine des Computers dar.
Die direkte Übersetzung wäre hier „Hauptplatte". Auf dem
Mainboard werden alle übrigen Bauteile gesteckt, daher ist
es wichtig, welches man als Basis des Computers wählt!
Die spätere Wahl des Prozessors ist mitunter einer der
wichtigsten Punkte wie leistungsstark der Rechner sein
wird. Da es unterschiedliche Bauweisen von Prozessoren
gibt, ist es sehr wichtig darauf zu achten, dass das
Mainboard mit dem Prozessor kompatibel ist! Den
Steckplatz für den Prozessor nennt man Sockel. Jedes
Mainboard hat eine Bezeichnung für diesen Sockel, wie
z.B. zurzeit gängig: AM3+(AMD), Sockel 1155 (Intel). Es

gibt zwei große Hersteller für Prozessoren, nach denen sich jeder Sockel auf den Mainboards richtet, diese sind Intel und AMD. Das Mainboard kann als eine Kommunikationsplattform für die Computerkomponenten betrachtet werden. Diese Kommunikation zwischen den Komponenten wird vom sogenannten Chipsatz auf dem Mainboard gesteuert. Der Chipsatz stellt dementsprechend auch einen wichtigen Punkt zur Leistungsdefinition des Mainboards dar. Bei den Beschreibungen der Mainboards ist dieser Chipsatz immer mit aufgeführt. Für den Bereich des Chipsatzes sind auch Intel und AMD tonangebend. Hierzu ein paar Beispiele zu aktuellen Chipsätzen:

- AMD: AMD 890GX, AMD A88X, AMD A68H
- Intel: Intel H61, Intel Z97, Intel B150, Intel X99

Die laut Tests zurzeit schnellsten Chipsätze sind AMD 970 und Intel X99. Dieser Standard ändert sich in der Computerwelt schnell. Daher sollte immer darauf geachtet werden, welche Chipsätze, abhängig vom Hersteller, gerade aktuell sind. Hierzu gibt es viele Internetseiten, wo aktuelle Chipsätze getestet und in Leistungskategorien eingeteilt werden. Hier sollte man vor dem Kauf genau recherchieren! Ein weiterer Punkt der beim Kauf vom Mainboard beachtet werden muss, ist die Anzahl der verfügbaren Steckplätze für Arbeitsspeicher, Grafikkarte, Festplatten und separate Komponenten wie z.B. Soundkarten. Diese Steckplätze werden mit der Bezeichnung PCI Express (PCIe) definiert. Von diesen Steckplätzen gibt es zwei Versionen, einmal PCIe 3.0 x16 für Grafikkarten und PCIe 2.0 für separate Komponenten wie z.B. Soundkarten. Die benötigte Anzahl dieser PCIe Steckplätze ist natürlich vom jeweiligen Anwendungsgebiet abhängig. Es gibt z.B. Mainboards im

Gaming Bereich, die bis zu vier parallellaufende Grafikkarten unterstützen können. Diese Technik nennt sich bei AMD: Crossfire und bei Nvidia: SLI. Die Anschlüsse für die Festplatten werden mit der Bezeichnung SATA definiert. Hier stellt sich dann die Frage wieviel Festplatten später im PC verwendet werden sollen. Dies ist auch abhängig vom Anwendungsbereich und wird in den dementsprechenden Kapiteln erläutert. Der gängige Geschwindigkeitsstandard bei SATA-Anschlüssen beläuft sich auf 6GB/sec. Der vorherige war 3GB/sec. Daher muss darauf geachtet werden, was für SATA-Anschlüsse auf dem Mainboard verfügbar sind. Dies ist aber leicht zu unterscheiden, da SATA 6GB/sec Anschlüsse immer blau gefärbt sind und 3GB/sec SATA Anschlüsse immer rot! Darüber hinaus ist auch die Anzahl der verfügbaren Anschlüsse und deren Geschwindigkeitsstandard wichtig. Zurzeit aktuell ist z.B. USB3.0. Dieser Anschluss gewährleistet eine viel höhere Übertragungsrate der Daten als ein gewöhnlicher USB2.0 Anschluss. Ein weiterer Punkt zur Entscheidung welches Mainboard gewählt werden kann ist die Anzahl der RAM Steckplätze für den Arbeitsspeicher bzw. auch welche Geschwindigkeit (Art) vom Arbeitsspeicher unterstützt wird. Der zurzeit aktuelle Standard liegt bei DDR3 bzw. als nächstes bei DDR4. Diese Kategorie wird im Kapitel „Arbeitsspeicher" genauer erklärt werden. Wichtig ist es hier darauf zu achten, dass das Mainboard den Arbeitsspeicher, den man ausgesucht hat, auch unterstützt! Früher wurden auf Mainboards auch separate Karten (oder auch Adapter genannt) genutzt um z.B. den Computer netzwerkfähig zu machen oder Sound- bzw. Audiosignale ausgeben zu können. Dies hat sich schon seit ein paar Jahren geändert. Heutzutage sind Netzwerkadapter und Soundkarte (Soundchip) auf jedem

Mainboard fest integriert. Für den privaten Gebrauch reicht dieser Standard meistens aus. Separate Netzwerkkarten gibt es so gut wie gar nicht mehr. Bei Soundkarten sieht das schon anders aus. Im Anwendungsgebiet der Musikerstellung oder Soundbearbeitung reicht dieser fest integrierte Soundchip mit seinen Funktionen nicht mehr aus. Deswegen gibt es durchaus noch heute ein breit gefächertes Portfolio an verfügbaren Soundkarten. Genauer wird dies im Kapitel zum Anwendungsbereich der Musik erläutert. Grundlegend gibt es von Mainboards fünf unterschiedliche Größen (auch Formfaktor genannt): pico ITX, Nano ITX, mini ITX, micro ATX und Standard ATX sowie EATX. Pico ITX stellt den kleinsten Formfaktor dar, Standard ATX den größten! Hier ist es natürlich auch vom Anwendungsgebiet abhängig welche Größe gewählt werden sollte. Was man wissen sollte ist, dass es große technische Unterschiede zwischen Standard ATX, micro ATX und mini ITX gibt. Durch den technischen Fortschritt der letzten Jahre besitzen mini ITX und micro ATX heutzutage schon viele Computerkomponenten von Haus aus. Das bedeutet, dass diese Mainboards fest integrierte Prozessoren, Grafikchips etc. besitzen! Solche Mainboards stellen im Prinzip schon fast den ganzen PC dar. Diese Technik ist aber nicht für jeden Anwendungsbereich nutzbar! Die Leistung eines Computers mit separaten Komponenten kann damit nicht erreicht werden. Jedoch gibt es für solche Mainboards bzw. PCs einige Anwendungsgebiete wie z.B. Entertainment & Multimedia. Hier erweisen sich solche Mainboards als ideal. Dieser Punkt wird im jeweiligen Kapitel genauer erläutert. In den nachfolgenden Kapiteln zu den Anwendungsgebieten werden dementsprechend Beispiele und Empfehlungen zu den zu verwendenden Größen gegeben! Im letzten Kapitel

„Zusammenbau" werden unter anderem alle Steckplätze des Mainboards nummeriert und genau erklärt, welche PC Komponente wo hingehört.

Prozessor (CPU)

Der Prozessor (auch CPU genannt: Central Processing Unit) stellt das Herzstück des Computers dar. Diese Komponente stellt einen der wichtigsten Punkte dar, die die Leistung des Computers bestimmen! Die Geschwindigkeit des Prozessors wird anhand der Taktrate bestimmt. Die Taktrate wird in der Maßeinheit Megahertz (MHz) bzw. Gigahertz (GHz) bemessen und gibt Aufschluss darüber, wie viele Rechenzyklen der Prozessor verarbeiten kann. Ein Beispiel für die Größeneinheit ist: 1000 MHz = 1GHz. Von Prozessoren gibt es zwei Versionen bzw.

Architekturen: 64bit und 32bit. 64bit stellt den besseren Wert dar! Darüber hinaus besitzen CPUs heutzutage mehrere Kerne. Diese Kerne kann man an sich wie einzelne kleine Prozessoren betrachten, von denen jeder für sich, einzelne Arbeitsschritte verarbeiten kann. Ein gängiger Standard wäre hier ein vier Kern Prozessor. Das bedeutet, wenn die Geschwindigkeit eines Prozessors mit z.B. 3,2GHz bemessen ist, jeder dieser vier Kerne mit einer Taktrate von 3,2GHz arbeitet. Daraus resultiert eine effektive Taktrate von 12,8GHz! (3,2GHz x 4Kerne). Je höher die Gigahertzzahl ist, also die Taktrate, desto höher ist die Geschwindigkeit des Prozessors. Dies gilt auch in Relation zu der Anzahl der Kerne. Heutzutage gibt es Prozessoren mit bis zu 10 Kernen! Wie erwähnt gibt es zwei große Hersteller für Prozessoren: Intel und AMD. Das beste Preisleistungsverhältnis hat hier AMD. Für Intel Prozessoren greift man zwar tiefer in die Tasche, dafür bekommt man aber auch eine beträchtliche Leistung! Ein Beispiel zu einem aktuellen Topmodell der Intel Prozessoren ist der „Intel Core i7 5930K 6x 3.50GHz So.2011-3". Der Preis dieser CPU liegt bei ca. 563 €. Aus der Bezeichnung kann man entnehmen, dass der Prozessor mit 6 Kernen und einer Taktrate von 3.5GHz arbeitet. Aus der Bezeichnung So. 2011-3 entnimmt man die Art des Sockels, auf dem der Prozessor verbaut werden kann. Als Gegenstück dazu haben wir die AMD CPU „AMD FX Series FX-9370 8x 4.40GHz So.AM3+". Der Preis dieser CPU liegt bei ca. 200 €. Wie man sieht ist der Preisunterschied sehr hoch, daher spielt bei der Auswahl der CPU natürlich die eigene Preisvorstellung bzw. Leistungserwartung eine sehr große Rolle. Eine gute Entscheidungshilfe können sogenannte Benchmarks sein. Diese Programme testen alle Komponenten des Computers auf Herz und Nieren. Jeder Komponente wird ein Leistungsindex zugewiesen. So kann man anhand vergebener Punktestände der Benchmarks sehr gut einschätzen wie leistungsstark die CPU oder übrigen Komponenten sind. Hierzu gibt es viele Internetseiten mit Tests und Punkteständen der jeweiligen Komponenten.

Arbeitsspeicher (RAM)

Der Arbeitsspeicher (auch Hauptspeicher genannt) arbeitet direkt mit dem Prozessor zusammen und beeinflusst daher auch die gesamte Leistungsfähigkeit des Computers. Der Prozessor greift unmittelbar auf die Daten zu, die im Arbeitsspeicher zwischengespeichert werden und verarbeitet sie weiter. Daher ist es hier wichtig auf eine ausgewogene Kombination zwischen Arbeitsspeicher und Prozessor zu achten. Wenn z. B. ein sehr schneller Prozessor verbaut wird und dieser mit langsamen Arbeitsspeicher arbeiten muss, bremst dies das ganze Computersystem aus und dies gilt auch andersherum. Darüber hinaus ist so eine Konfiguration, für den eigenen Geldbeutel sehr unvorteilhaft, da man entweder für die eine oder andere Komponente (CPU oder RAM) viel Geld ausgeben muss aber dennoch die Leistung nicht ausnutzen kann! Die Leistungsfähigkeit vom Arbeitsspeicher wird in verschieden Punkten definiert: Zugriffszeit bzw. Zugriffsgeschwin-digkeit, Datenübertragungsrate und Speicherkapazität. Ein weiterer Aspekt ist, mit wie vielen Kanälen der Arbeitsspeicher gleichzeitig arbeiten kann. Aktueller Standard sind zwei. Diese Technologie nennt sich „Dual Channel". Jedoch wird diese Technologie bald abgelöst werden gegen „Quadchannel" (vier Kanäle). Die Zugriffszeit beschreibt die Dauer, bis Daten vom Speicher abgerufen werden können. Diese Zugriffzeit wird mit dem Begriff „Latenz" beschrieben. Die Latenz wiederum wird in Nanosekunden (ns) bemessen. Je niedriger der Latenzwert ist, desto schneller ist der Arbeitsspeicher. Um die effektive Zugriffszeit bzw. Latenz ermitteln zu können gibt es eine Formel mit zwei Grundwerten:

2 x Timing / Geschwindigkeit

Hierzu ein Beispiel mit einem aktuellen und sehr schnellen Arbeitsspeicher: „64GB G.Skill Trident Z DDR4-3000 CL14-14-14-34". Der erste Wert „64GB (Gigabyte)" gibt die Speicherkapazität an (1000Megabyte = 1Gigabyte). DDR4 definiert die Aktualität bzw. die Art des Speichers. Ein höherer Zahlenwert nach der Bezeichnung DDR deutet gleichzeitig auf aktuelleren Arbeitsspeicher hin. Aktuelle

Mainboards unterstützen heutzutage meistens zwischen drei bis vier unterschiedliche Arbeitsspeichertypen bzw. Geschwindigkeiten. Wie z. B. DDR2;3 oder 4. Wobei DDR4 den zurzeit aktuellsten Speicher darstellt. Hier muss genauso wie beim Prozessor darauf geachtet werden, dass der gewählte Arbeitsspeicher mit dem Mainboard kompatibel ist! Der nächste Punkt mit dem man die Geschwindigkeit des Speichers definiert, ist die Taktrate. Bei dem oben genannten Beispiel mit dem Wert 3000 definiert.

Dies bedeutet das der Arbeitsspeicher mit einer Taktrate von 3000MHz also 3GHz arbeitet. Je höher dieser Wert ist desto höher ist die Geschwindigkeit des Arbeitsspeichers! Die darauffolgende Bezeichnung „CL 14-14-14-34 steht für die Latenz also der Zugriffszeit (CL = englisch für CAS Latency). Die einzelnen Werte stehen für einen Arbeitsbereich des Speichers. Hier ergeben niedrigere Werte auch eine höhere Geschwindigkeit des Speichers aber nicht die endgültig resultierende Zugriffzeit! Nun kann die Formel angewendet werden:

$2 \times 14 / 3000MHz = 0{,}009sec = 9ns$ (Nanosekunden)

Neun Nanosekunden stellen einen sehr guten Wert dar. Hier handelt es sich um einen sehr schnellen Speicher. Ob nun im Bezug der Zugriffszeit oder der Taktrate. Die hat natürlich seinen Preis, der oben genannte Arbeitsspeicher liegt mit einer Speicherkapazität von 64GB bei ca. 400€! Dieser Speicher stellt aber natürlich nur das Optimum dar. Es gibt genügend Speicherarten von unterschiedlichen Herstellern mit einem tollen Preisleistungsverhältnis! Wobei hier auch erwähnt werden muss, das ein Großteil des Preises durch die Speicherkapazität des Speichers beeinflusst wird. Eine Speicherkapazität von 64GB stellt in erster Linie nur eine Zukunftssicherheit dar, da es aktuell keine Anwendungen im privaten Bereich gibt, die diese Kapazität ausnutzen würden! Eine Größe von 12-16GB reicht für heutige Verhältnisse vollkommen aus! Ein Beispiel hierfür wäre folgender Speicher: „16GB HyperX Fury Rev.2 DDR4 2400 CL 15-15-15", dieser Speicher liegt im Preis bei ca. 70€ und bietet ein sehr gutes Preisleistungsverhältnis. Auch im Bezug zu leistungshungrigen PC-Bereich wie z.B. Gaming.

Grafikkarte

In einem Computer System ist die Grafikkarte für die komplette grafische Darstellung bzw. Bildberechnung zuständig! Sie berechnet alles was über den PC-Monitor ausgegeben wird. Wie bei den übrigen PC-Komponenten auch, gibt es unterschiedliche Stichpunkte nach denen man die Leistung der Grafikkarte definieren kann. Hier ist es wichtig zu wissen, dass eine Grafikkarte als eigenständige Recheneinheit zu betrachten ist. Das bedeutet, das eine Grafikkarte einen eigenen Prozessor (GPU genannt, englisch für „Graphics Processing Unit") besitzt, der für die Berechnung des Bildes zuständig ist. Darüber hinaus besitzt eine Grafikkarte einen eigenen Arbeitsspeicher (RAM), der als Zwischenspeicher der zu berechnenden Daten des Bildes dient. Genau wie beim Hauptprozessor des PC's (CPU), wird die Geschwindigkeit der GPU und des RAMs über die Taktrate bestimmt. Wie schon im Kapitel über die CPU beschrieben wurde, wird die Taktrate in Megahertz(MHz) bzw. Gigahertz(GHz) bemessen (1000MHz = 1GHz). Je höher dieser Wert ist, desto schneller ist die Grafikkarte. Beim RAM, also dem

Arbeitsspeicher der Grafikkarte, verhält es sich genau so wie beim Hauptarbeitsspeicher des PCs. Wie im Kapitel zuvor erwähnt, wird auch der RAM der Grafikkarte in unterschiedliche Arten/Versionen unterschieden. Zur Wiederholung: mit der Bezeichnung GDDR 2,3 oder 4 etc. wird die Aktualität bzw. unter anderem die Geschwindigkeit des Arbeitsspeichers bestimmt (mit dem Buchstaben „G" wird zwischen PC Hauptspeicher und Grafikkartenspeicher unterschieden!). Den aktuellsten Speicher stellt zurzeit die Art GDDR5 dar. Wie beim eigentlichen Arbeitsspeicher des PC's kann man sagen: Je mehr Arbeitsspeicher eine Grafikkarte besitzt, desto leistungsfähiger ist sie. Entsprechend der Leistungskategorien im Grafikartensegment also:

- Low End
- Mid End
- High End

richtet sich die Größe, also die Speicherkapazität des RAMs. Aktuelle Grafikartenmodelle bieten eine Speichergröße zwischen ein bis acht Gigabyte. Ein bis zwei Gigabyte wären der Low End-Kategorie zuzuordnen, vier Gigabyte dem Mid Range und acht Gigabyte stellt die High End-Kategorie dar. Was man hier auch wissen muss, das der RAM der Grafikkarte im Gegensatz zum eigentlichen PC- Hauptarbeitsspeicher, nicht austauschbar ist. Der RAM ist auf der Grafikkartenplatine fest verbaut! Zur Funktionalität der Grafikkarte ist es wichtig zu wissen, dass die Daten einer Anwendung bzw. Programms oder Spiels, die für die Bilddarstellung zuständig sind, in den Arbeitsspeicher der Grafikkarte geladen werden. Diese wird mit der Maßeinheit „Bit" berechnet. Auch hier ist es so, dass ein höherer Wert eine größere bzw. schnellere Anbindung definiert.

Die gängigen Stufen/Werte werden folgendermaßen bemessen: 64bit, 128bit, 256bit, 512bit... etc. Wie man sieht, stellt der nächste bzw. höhere Schritt immer das Doppelte des vorherigen dar. Ein Durchschnittswert ist die 128bit Anbindung. Sehr schnelle Grafikkarten besitzen allerdings eine Speicheranbindung zwischen 256 und 512Bit. Ein weiterer Aspekt der Leistungsdefinition bei Grafikkarten ist die Anzahl der Shadereinheiten und Streamprozessoren. Diese Einheiten werden dazu benutzt, um komplexe Grafikeffekte wie z. B. Licht und Schattenwurf, Partikeleffekte und komplexe Objekte (speziell in Videospielen) darzustellen. Je höher die Anzahl dieser Einheiten ist, desto leistungsfähiger ist die Grafikkarte! Grafikkarten aus dem High End Bereich besitzen eine Anzahl von bis zu 4096 Streamprozessoren. Im Mid Range Bereich sind es bis zu 2000 und Low End Karten besitzen lediglich bis zu 200-300 Einheiten. Der Grafikprozessor (GPU) spielt in der Leistungsdefinierung natürlich auch eine große Rolle! Wie schon erwähnt wird die Leistung der GPU genau wie beim Hauptprozessor (CPU) der PC's mit der Taktrate bemessen. Hier werden die Leistungsstufen in den erwähnten Preiskategorien eingeteilt.

- **Low End:** bis ca. 650MHz
- **Mid End:** ca. 900MHz
- **High End:** bis über 1100MHz (1,1GHz)

Die Mid Range Karten bieten hier meistens das beste Preisleistungsverhältnis. Genau wie bei der CPU des PC's, gibt es auch hier zwei übergeordnete Hersteller, die in Frage kommen: Nvidia und AMD (auch ATI genannt).

Diese beiden Konzerne stellen die Grafikprozessoren also die GPUs her, die auf jeder Grafikkarte fest verbaut sind.

Abgesehen von Nvidia und AMD gibt es untergeordnet viele Hersteller die die GPU's verwenden um Grafikkarten herzustellen. Bekannte Hersteller sind in diesem Fall: MSI; XFX; Gainward; HIS; Powercolor; ASUS etc.

Beispiele zu aktuellen Grafikkarten, aufgeteilt in den jeweiligen Leistungs- bzw. Preiskategorien:

- **Low End:** AMD 2048MB Club 3D Radeon R5 230 Noisless Edition Passiv Preis: ca.50€ oder Nvidia 512MB Sparkle Geforce 210 Passiv/ Preis: ca.60€
- **Mid End:** 4096MB HIS Radeon R9 380 IceQ X2 aktiv PCIe/ Preis: ca. 200€ oder 4096MB MSI GeForce GTX 960 Gaming 4G/ Preis: ca. 220€
- **High End:** 6144MB Gigabyte GeForce GTX 980 Ti Gaming G1 aktiv/ Preis: ca.660€ oder 4096MB Asus Radeon R9 FURY Strix Gaming Direct CU III aktiv/ Preis: ca.530€

Auch hier soll erwähnt sein, das dies nur Beispiele sind. Die Welt der Computertechnik entwickelt sich sehr schnell weiter, so das neue Modelle in einem Takt von 2-4 Jahren den Platz der alten einnehmen. Doch die in diesem Kapitel erwähnten Leistungspunkte bleiben immer die gleichen, mit ihnen kann man auch in Zukunft optimal die richtige Karte für seine Bedürfnisse aussuchen.

Festplatten

Festplatten dienen dazu um Daten abspeichern zu können. Alles was auf dem Computer erstellt oder abrufen wird, wie z.B. Programme, Spiele, Filme, Bilder, Musik etc. werden auf einer Festplatte gespeichert bzw. von dieser geladen. Darüber hinaus befindet sich auch das Betriebssystem wie z.B. Windows auf der Festplatte, ohne das der Computer nicht funktionieren kann! Aktuell gibt es drei verschiedene Versionen von Festplatten, diese sind:

- HDD
- SSD
- SSHD

Die gängige Variante stellen HDDs dar (im Bild links zu sehen). Diese Festplatten werden seit den letzten 20 bis 30 Jahren genutzt und erweitern bzw. entwickeln sich hauptsächlich in ihrer Größe bzw. Speicherkapazität. Diese Bauart von Festplatten basiert auf sich bewegenden Teilen. Im inneren dieser HDDs befinden sich drehende Scheiben, die von einer Nadel beschrieben werden. Die Geschwindigkeit der Festplatten wird zum großen Teil davon bestimmt wie schnell sich diese Scheiben drehen. Ein guter Durchschnittswert wären hier 7200 Umdrehungen/min. Wobei es auch HDDs gibt die 10.000 Umdrehungen/min schaffen. Also je höher der Wert, desto höher ist die Geschwindigkeit der Festplatte! Ein weiterer Punkt zur Leistungsbestimmung der HDDs, ist der Cache. Der Cache dient der HDD als Zwischenspeicher. Das bedeutet, dass die Festplatte hier Daten zwischenlagert und so, bei Bedarf, schneller auf sie zugreifen kann. Der Cache kann, abhängig von der Leistungskategorie, zwischen 8MB und 128MB liegen. Auch hier gilt, dass ein höherer Wert mehr Geschwindigkeit mit sich bringt! Die moderne und weitaus schnellere Variante der Festplatten sind SSDs (im Bild rechts zu sehen). Diese Festplatten haben sich vor einigen Jahren etabliert und basieren in ihrer Bauform auf sogenannten Flashspeicher. Das bedeutet, dass diese Festplatten nicht auf sich bewegenden Teilen basieren. Sondern so ähnlich wie bei USB Sticks, mit fest verbauten Speichermikrochips arbeiten. Durch diese Bauart kann die Festplatte weitaus schneller und effizienter arbeiten. Der Geschwindigkeitsunterschied im Vergleich zu herkömmlichen HDDs ist enorm! Natürlich gibt es auch bei der SSD Merkmale an denen die Geschwindigkeit festgemacht werden kann. Hauptsächlich ist dies die Schreib- und Lesegeschwindigkeit! Grundsätzlich liegt die Schreib- und Lesegeschwindigkeit bei ca.+/- 500MB/sec. Schnelle SSDs die der höheren Preiskategorie zuzuordnen sind, liegen bei beiden Kategorien immer über 500MB. Bei günstigeren SSDs können diese Werte weit auseinanderliegen.

Hier kommt es relativ oft vor, das die Lesegeschwindigkeit z.B. auch bei ca. 500MB liegen kann, jedoch die Schreibgeschwindigkeit bei ca. 350MB. So ein Wert bei der Schreibgeschwindigkeit zieht natürlich große Geschwindigkeitseinbußen mit sich. Ein weiterer Aspekt der Geschwindigkeit ist die Schnittstellenübertragungsrate! Für gewöhnlich liegt diese heutzutage bei allen Festplatten bei 6GB/sec. Jedoch gibt bzw. gab es auch Festplatten mit 3GB/sec. Diese sind, wie man dem Unterschied der Werte entnehmen kann, um die Hälfte langsamer. Der aktuelle Wert von 6 GB/sec wird sich jedoch früher oder später auch noch oben verschieben! Deswegen sollte immer darauf geachtet werden, welcher Standard gerade aktuell ist! Die dritte Variante stellt die SSHD dar. Diese Festplatten werden auch als Hybridplatten bezeichnet. Eine SSHD macht sich beide Techniken zu Nutze. Zu einem gewissen Teil (bzw. bis zu einer bestimmten Speicherkapazität) nutzt die Festplatte Flashspeicher (wie die SSD). Wenn diese Speicherkapazität erreicht bzw. überschritten wird, beginnt die Festplatte der herkömmlichen Speicher einer HDD zu nutzen. Preislich gesehen liegt die SSHD im mittleren Segment, die SSD hat den höchsten Preis und die HDD ist am kostengünstigsten. Wobei es hier wichtig ist zu wissen, dass der Preis letztendlich bei jeder Festplatte von der Speicherkapazität abhängt! Bei der Wahl der zu verwendenden Festplatten, ist die wohl beste Konfiguration eine Kombination aus allen drei Bauarten! Wobei die gängigste Kombination zwischen SSD und HDD besteht! Die Systemfestplatte, also auf der nachher das Betriebssystem (z.B. Windows) und die zu verwendenden Programme installiert werden, sollte immer die SSD Festplatte sein! Da die SSD die größte Geschwindigkeit bietet, wird somit auch der komplette PC eine sehr gute Performance bieten. Das hoch- und herunterfahren des PC's sowie das Abrufen und Laden von Daten, läuft mit einer SSD sehr schnell ab. Als Datenspeicher kann eine konventionelle HDD gewählt werden. Wie schon einmal erwähnt, sollte diese HDD mindestens eine Umdrehungsgeschwindigkeit von 7200/min haben, um eine gute Durchschnittsgeschwindigkeit bieten zu können. Da die HDD nur als Datenspeicher genutzt wird, dass bedeutet, das hauptsächlich statische Daten wie z.B. Filme, Spiele, Bilder, Musik etc. gespeichert werden, sie für die Endgeschwindigkeit des PC's nicht so wichtig ist! Statische Daten bewegen sich im Gegensatz zu Programmen nicht permanent in einem Arbeitsablauf des Computers. Beispiele zu aktuellen Festplatten:

SSD

- **Low End:** 120GB HyperX FURY/ Preis: ca. 50€
- **Mid End:** 256GB Samsung 850 PRO/ Preis: ca.120€
- **High End:** 960GB Crucial BX200/ Preis: ca. 230€

HDD

- **Low End:** 500GB Seagate Desktop HDD ST500DM002 16MB/ Preis: ca. 45€
- **Mid End:** 1000GB WD Black WD1003FZEX 64MB/ Preis: ca. 70€
- **High End:** 1000GB WD Black WD1003FZEX 64MB/Preis: ca. 125€

SSHD

- **Low End:** 500GB Seagate ST500LM000/Preis:60€
- **Mid End:** 2TB Seagate ST2000DX001/Preis: 90€
- **High End:** 4TB Seagate STCL400040/Preis:160€

Laufwerke

Laufwerke (zur Unterscheidung von Festplatten auch Optische Laufwerke genannt), dienen dazu, um mit dem PC Datenträger lesen oder beschreiben zu können. Diese Datenträger sind CD's, DVD's oder Blu-ray's. Das Merkmal eines jeden Datenträgers ist die Speicherkapazität! Datenträger werden kontinuierlich weiterentwickelt um die Speicherkapazität zu erhöhen! Eine DVD hat eine Speicherkapazität von 4,5GB. Wobei es hier auch eine zweite Version gibt, die Double Layer DVD. Double Layer bedeutet, dass die DVD mehrere Schichten besitzt, die beschrieben werden können, als ob man zwei herkömmliche DVD's aufeinanderlegen würde. Daher haben die Double Layer DVD's auch das doppelte an Speicherkapazität. Diese liegt bei 8,5GB. Diese Technik wird jedoch auch bei Blu-ray's benutzt um die Speicherkapazität zu erhöhen. Die Blu-ray stellt auch den aktuellsten Standard an Datenträgern dar. Sie bietet schon in der einfachen Version eine Speicherkapazität von 25GB, die Double Layer Variante bis zu 50GB! Abgesehen von der Marke und den verbauten Materialen gibt es heutzutage keine großen Unterschiede zwischen PC-Laufwerken. Das einzige was hier beachtet werden muss, ist die Lese- bzw. Schreibgeschwindigkeit. Wobei die Schreibgeschwindigkeit natürlich nur bei Brennern eine Rolle spielt. Brenner sind PC-Laufwerke, mit denen man seine eigenen Daten auf den Datenträger (CD, DVD, Blu-ray) brennen bzw. speichern kann. Die Geschwindigkeit der Laufwerke bzw. Brenner differenziert sich hier auch durch höherwerdende Werte. Die Durchschnittswerte bei der Lesegeschwindigkeit liegen hier, abhängig vom Datenträger, bei den meisten Modellen bei 40-48x CD; 16-24x DVD und 10-12x Blu-ray. Die Schreibgeschwindigkeit bei Brennern liegt bei Blu-ray's durchschnittlich bei 16x, DVD's in der Regel ca.16x und CDs liegen bei 48x. Der Wert also die Zahl sagt aus, mit welcher Geschwindigkeit das Laufwerk oder der Brenner arbeiten kann. Wichtig ist es zu wissen, wenn neue Laufwerkstypen bzw. Generationen mit neuer Technologie auf den Markt kommen, sie so gut wie immer abwärtskompatibel sind. Das bedeutet, mit einem Blu-ray Laufwerk oder Brenner können auch CDs und DVDs gelesen bzw. beschrieben werden.

Beispiele zu aktuellen Laufwerken:

- LG Electronics GH24NSD1 DVD-Brenner SATA intern/ Preis: ca. 10€
- LG Electronics BH16NS55 Blu-ray Disc Brenner SATA intern/ Preis: ca.60€
- Asus BW-16D1HT Blu-ray Disc Brenner SATA intern/ Preis: ca. 75€

Netzteil

Damit die Computerkomponenten funktionieren können, müssen sie natürlich mit Strom versorgt werden. Die zuständige Komponente dafür, stellt das Netzteil dar! Es dient zur kompletten Stromversorgung des Computers. Abhängig vom Anwendungsbereich und damit verbunden dem Stromverbrauch der PC-Komponenten, ist es wie leistungsfähig das Netzteil sein muss. Unter anderem ist dies auch abhängig von der Anzahl der verbauten Komponenten im PC. Anwendungsgebiete wie z. B. Gaming oder Videobearbeitung, nutzen sehr leistungsstarke PC- Komponenten, die natürlich auch dementsprechend viel Strom verbrauchen. Aber auch wenn in anderen Anwendungsgebieten des PC's viele Komponenten verbaut bzw. genutzt werden, wie z.B. mehrere Festplatten oder zusätzliche PCI Expresskarten wie z.B. für Sound, Netzwerk, SSD Datenspeicher etc., muss ein ausreichend starkes Netzteil gewählt werden, um genügend Leistung (Strom) für den PC bereit stellen zu können.

Die Leistung eines Netzteils wird mit der Einheit Watt bemessen. Hier gibt es natürlich auch sehr viele Hersteller die ein breites Portfolio an Netzteilen anbieten. Preisabhängig gibt es auch hier qualitative Unterschiede. Doch kann man bei der Wahl des Netzteils trotzdem eine Menge Geld sparen! Letztendlich ist die Leistungsfähigkeit der wichtigste Punkt. Ein guter Durchschnitt stellt ein Netzteil mit 500 Watt dar. Teure Netzteile bieten nicht immer automatisch mehr Leistung an. Meistens besitzen sie z.B. mehr Anschlüsse, bessere Kühlung oder höherwertige Materialien an. Ein günstiges Netzteil muss deswegen nicht immer schlecht sein. Es kann durchaus einige Jahre lang seinen Zweck ohne Probleme erfüllen! Heutzutage gibt es Netzteile mit bis zu 1500 Watt! Wobei die Zahl der Anwendungsgebiete für diese Netzteile noch sehr gering ist.

Beispiele zu aktuellen Netzteilen, entsprechend der Leistungskategorien:

- **Low End:** 350 Watt Corsair VS Series VS350 Non-Modular/ Preis: ca. 30€
- **Mid End:** 530 Watt be quiet! Pure Power L8 CM Modular 80+ Bronze/ Preis: ca. 70€
- **High End:** 1000 Watt Enermax Triathlor ECO Modular 80+ Bronze/ Preis: ca. 110€

Gehäuse

Mit dem Gehäuse nimmt der Computer Gestalt an, denn hier werden alle PC-Komponenten eingebaut. Grundsätzlich gibt es hier auch drei gängige Varianten:

- **Mini Tower:** klein
- **Midi Tower:** mittel
- **Big Tower:** groß

Darüber hinaus gibt es noch eine Kategorie namens „Desktop/HTPC Gehäuse. Dieses Gehäuse wird jedoch in der Regel nur für PC's genutzt, die als Mediacenter im Wohnzimmer dienen sollen. Die Bauart dieses Gehäuses bzw. solcher Mediacenter PC's ist klein und kompakt gehalten. Daher können in solchen Gehäusen nur kleine PC- Komponenten wie z. B. mini ATX Mainboards Platz finden. Diese Kategorie wird im späteren Kapitel zum

Anwendungsbereich „Entertainment & Multimedia" genauer erklärt!

Ein wichtiges Kriterium zur Auswahl des richtigen Gehäuses ist der Standort wo der PC später stehen soll! Sollte man hier nicht viel Platz und Spielraum zur Verfügung haben, ist es sinnvoll vorher auszumessen wie groß das Gehäuse sein darf. Ein weiterer Punkt ist die Größe und Anzahl der zu verwendenden PC - Komponenten. Gerade im Gaming oder Videobearbeitungsbereich können Komponenten wie z.B. die Grafikkarte sehr groß sein und damit viel Platz im Gehäuse in Anspruch nehmen. Verbunden mit diesem Punkt ist die Kühlung der PC- Komponenten. Wenn diese sehr leistungsstark und groß sind brauchen sie ausreichend Platz zum Atmen. Die Kühlung des Computers bzw. dessen Komponenten ist ein sehr wichtiger Punkt der im Kapitel „Zusammenbau des PC's" im Detail erklärt wird. Wie erwähnt spielt die Anzahl der zu verwendenden Komponenten auch eine große Rolle. Wenn mehrere Festplatten oder zusätzliche PCI Express Karten wie z. B. für den Sound, Netzwerk oder SSD Datenspeicher verwendet werden, brauchen diese natürlich auch ihren Platz im Gehäuse.

Beispiele zu aktuellen Gehäusen, den Größen entsprechend:

- **Mini Tower:** Corsair Carbide SPEC-M2/ Maße: 448x198x378mm/ Preis: ca. 50€
- **Midi Tower:** Cooler Master CM 690 III/ Maße: 502x230x507mm/ Preis: ca. 88€
- **Big Tower:** Antec P380/ Maße: 557x223x555mm/ Preis: ca. 160€

Kühlung

Die Kühlung des PC's ist einer der wichtigsten Punkte zu einem stabilen und langlebigen Computersystem. Gerade in Anwendungsgebieten wo leistungsstarke Komponenten genutzt werden, wie z.B. Gaming oder Video & Bildbearbeitung, ist ein sorgfältiges und effizientes Kühlsystem unabdingbar. PC-Komponenten wie der Prozessor (CPU) oder die Grafikkarte verbrauchen in leistungsstarken Varianten sehr viel Strom. Damit verbunden erzeugen diese Komponenten somit viel Abwärme. Diese Computerbauteile können sehr warm bzw. heiß werden und müssen daher sehr gut gekühlt werden! Wenn die PC-Komponenten nicht ausreichend gekühlt werden, können sie kaputtgehen bzw. regelrecht durchbrennen! Es gibt unterschiedliche Konfigurationen und PC Kühlung. Grundsätzlich kann man aber erstmal zwischen zwei Varianten unterscheiden. Die direkte Kühlung der PC- Bauteile wie z.B. Prozessor und Grafikkarte und die indirekte Kühlung über das PC-

Gehäuse selbst. Ein weiterer Punkt ist die Art der Kühlobjekte. Hier wird auch zwischen zwei Kategorien unterschieden: Aktiv und passiv.

Aktiv bedeutet, das Lüfter zur Kühlung eingesetzt werden. Diese Lüfter haben abhängig vom Einsatz bzw. der Komponente, unterschiedliche Durchmesser z. B. 80 bis 120mm. Lüfter die einen Durchmesser ab 90mm haben werden hauptsächlich für die Kühlung von Prozessoren oder als Gehäuselüfter eingesetzt. Eine Pauschalisierung gibt es hier aber nicht! Passiv bedeutet das die PC-Komponenten mit Kühlkörpern gekühlt werden. Folgend ein paar Beispiele zu den beiden Kühlkategorien:

Prozessor (CPU) Lüfter mit aktiver Kühlung

Prozessor Kühler mit passiver Kühlung

Die gängigste Variante ist die aktive Kühlung mit Lüftern. Gerade in leistungsstarken Anwendungsgebieten, wie im Gaming Bereich oder in der Videobearbeitung, reicht eine passive Kühlung nicht mehr aus. Dafür erzeugen die PC-Komponenten wie z.B. Prozessor und Grafikkarte eine viel zu große Abwärme. Passive Kühlung wird meistens in Anwendungsgebieten wie z.B. Office & Internet sowie Entertainment und Multimedia verwendet. Hier wird nicht so eine große Abwärme erzeugt. Vorteil einer passiven Kühlung ist ganz klar die Lautstärke. Da sich bei einer passiven Kühlung keine bewegenden Teile befinden ist diese Kühlvariante praktisch geräuschlos! Speziell im Entertainment & Multimedia Bereich ist dies ein großer Vorteil, da sich diese PC's meistens im Wohnzimmer befinden und hier leise Systeme vorgezogen werden. Resultierend daraus kann man sagen, dass es sich bei einer aktiven Kühlung so verhält: Je mehr Lüfter verbaut sind, desto lauter ist der Computer! Die Funktion eines aktiven Kühlungssystems besteht darin, mit den Lüftern ein sogenanntes Umluft System im PC-Gehäuse zu erzeugen. Eine gängige und bewährte Konfiguration besteht aus einem Lüfter, der an der Vorderseite des PC's verbaut ist und einem Lüfter, der an der hinteren Seite des Gehäuses angebracht ist. Der Lüfter an der Vorderseite saugt die kühle Luft an und pustet sie ins Gehäuse. Der Lüfter auf der Hinterseite pustet die warme Luft wieder raus. Somit ergibt sich das sogenannte Umluft System. Es gibt auch einige Gehäusearten, die die Möglichkeit bieten, Lüfter an den Seitenwänden zu installieren oder z. B. auf der Oberseite des PC's. Wobei man dazu sagen muss, das dies nicht unbedingt besser ist. Ganz im Gegenteil, Lüfter an der Seite oder auf dem PC können den normalen Luftstrom im PC-Gehäuse stören, daher sollte lieber davon abgesehen werden.

Wie schon erwähnt sind die Grafikkarte und der Prozessor die Komponenten, die sich am meisten aufheizen. Daher besitzt eine Grafikkarte immer einen eigenen Lüfter bzw. Kühler. Dies ist auch (wie bei den vorherigen Bildern ersichtlich ist) beim Prozessor so. Doch besteht hier ein wichtiger Unterschied. Die Grafikkarte besitzt immer einen fest verbauten Lüfter, der nicht gewechselt werden kann. Beim Prozessor besteht die Möglichkeit selbst zu entscheiden welcher Lüfter bzw. Kühler verwendet werden soll. Oft sind bei den Prozessoren schon passende Lüfter dabei, jedoch bieten diese meistens keine wirklich gute Kühlleistung bzw. -qualität. Gerade wenn z. B. an heißen Sommertagen einige Stunden lang gespielt wird, heizen sich PC-Komponenten überdurchschnittlich auf. Daher muss ein qualitativer Lüfter mit guter Kühlleistung für den Prozessor gewählt werden. Hier muss auch darauf geachtet werden, dass der Lüfter bzw. Kühler auch für den Sockel des Prozessors kompatibel ist. Ein guter Lüfter muss nicht zwingend teuer sein. Ab ca. 30 bis 40 € können schon qualitative Lüfter für Prozessoren oder Grafikkarten gefunden werden. Scheut man sich nicht, mehr Geld für die Kühlung des PC's auszugeben, stellt eine Wasserkühlung das Maß aller Dinge dar. Hier werden die PC-Komponenten, hauptsächlich Grafikkarte und Prozessor, mit einer speziellen Kühlflüssigkeit gekühlt. Dies geschieht mittels einer kleine Pumpe und einem Schlauchsystem. Diese Schläuche verlaufen durch spezielle Kühlplatten, die an den jeweiligen PC-Komponenten angebracht sind. Dieses System bietet eine optimale Kühlung für die PC-Komponenten. Durch so eine Kühlung können Prozessor und Grafikkarte auch problemlos übertaktet

(Leistungssteigerung) werden, ohne Gefahr zu laufen, dass sie durchbrennen.

Das bedeutet, dass die Taktrate also die Leistung der jeweiligen Komponenten höher gesetzt wird, als vom Hersteller vorgesehen ist. Zum Beispiel könnte man so bei einem Prozessor der mit einer Taktrate von 2,8GHz arbeitet, diese auf 3,2GHz erhöhen! Was einen beträchtlichen Leistungsschub ergeben kann. Jedoch zieht diese Leistungssteigerung auch mehr Abwärme mit sich. Aus diesem Grund wird eine Wasserkühlung bei Übertaktungen bevorzugt. Hier ein Beispiel für eine Wasserkühlung:

Kapitel 2. Anwendungsgebiete

Das Anwendungsgebiet ist einer der wichtigsten Punkte zur Gestaltung des eigenen Computers! Die komplette Hardwarekonfiguration des Computers wird danach bemessen und zusammengestellt. Zur Erinnerung werden nochmal die im ersten Kapitel erwähnten Anwendungsgebiete wiederholt:

- Office & Internet
- Gaming/Videospiele
- Video & Bildbearbeitung
- Musik
- Entertainment/Multimedia

In diesem Kapitel werden die unterschiedlichen Anwendungsgebiete sowie deren Prozesse erklärt. Dazu werden spezifische Hardwarekonfigurationen empfohlen bzw. erläutert. Ergänzend dazu werden auch den Leistungskategorien entsprechend, unterschiedliche Konfigurationen zu stärkeren bzw. auch schwächeren Varianten (Komponenten) des Computers erklärt sowie Informationen zur möglichen Aufrüstung der Computersysteme gegeben. Hauptsächlich dient aber als Beispiel immer ein Computersystem, mit dem besten Preisleistungsverhältnis! Die Rahmenbedingungen, die in diesem Kapitel in Bezug auf die Anwendungsgebiete erklärt werden, bleiben für den privaten Bereich auch in Zukunft bestehen. Was sich hier hauptsächlich ändert ist nur die mit der Zeit höher werdenden Leistungsansprüche an die Hardware des PC's. Aufgrund dieser Stichpunkte kann so zu jeder Zeit ein auf die eigenen Bedürfnisse, optimales Computersystem zusammengestellt werden!

Office & Internet

Für den Office & Internet-Bereich muss der PC grundlegend nicht sehr schnell sein. Da in diesem Bereich hauptsächlich Textverarbeitung bzw. das Erstellen und Bearbeiten von Homepages (Internetseiten) stattfindet, können hier Komponenten/Bauteile aus dem niedrigen Preissegment (Leistungskategorie Low End) gewählt werden. Den Anfang macht der Prozessor. Hier reicht ein Modell mit zwei bis vier Kernen und einer Taktrate zwischen 2 bis 3,8GHz vollkommen aus! Ein Beispiel für so ein Modell ist der Prozessor von AMD:

- **Low End:** „AMD FX Series FX-4300 4x 3.80GHz So.AM3+"/ Preis: ca. 50€.

Dieser Prozessor (CPU) besitzt vier Kerne, die jeweils mit einer Geschwindigkeit (Taktrate) von 3,8GHz arbeiten. Diese Leistung übertrifft sogar die Anforderungen in diesem Anwendungsgebiet! Dafür bietet aber der Prozessor noch genügend Luft nach oben und gewährleistet mit dieser Leistung auch ein grundsätzlich schnelles Computersystem im Bezug, wenn der Computer hoch- und heruntergefahren wird bzw. ein zügiges starten und arbeiten mit Programmen. Darüber hinaus erfordert dieser Prozessor ein Mainboard mit einem AM3+ Sockel. Dieser Sockel unterstützt auch leistungsfähigere und bessere Prozessoren. Daher bietet eine Konfiguration mit so einem Mainboard später die Möglichkeit zum Aufrüsten des Computers. Mit einem Preis von 50€ bietet dieser Prozessor ein optimales Preisleistungsverhältnis! Ergänzend zum Prozessor muss auch ein geeigneter Lüfter bzw. Kühler verbaut werden.

Hier ist es wichtig darauf zu achten, dass der Lüfter auch zum Sockel des Prozessors bzw. auch zum Mainboard passt! Die Kühlung des Prozessors ist ein sehr wichtiger Punkt! Ein gutes Beispiel für den hier ausgewählten Prozessor für den Sockel AM3+ ist folgender Lüfter:

- be quiet! Shadow Rock LP Topblow Kühler/ Preis: ca. 35€

Als nächstes wird ein passendes Mainboard gewählt. Wie erwähnt muss es den Sockel AM3+ besitzen um den gewählten Prozessor zu unterstützen! Eine gute Wahl stellt folgendes Mainboard von dem Hersteller ASRock dar:

- **Low End:** ASRock 970M Pro3/Preis: ca.68€

Dieses Mainboard ist eine sehr gute Ergänzung zu dem gewählten Prozessor. Es besitzt den Formfaktor mATX und unterstützt maximal Arbeitsspeichermodule der Bauart bzw. Geschwindigkeit DD3-2400. Als Chipsatz wird der schnelle „AMD 970" verwendet, der eine mehr als ausreichende Leistung für diesen Anwendungsbereich bereitstellt. Darüber hinaus ist es abwärtskompatibel zu Arbeitsspeichern der Art DDR3-2100, 1866, 1800, 1600,1333 sowie 1066. Das Mainboard bietet vier Steckplätze für Arbeitsspeichermodule (auch Riegel genannt), mit einer maximalen Kapazität von 16GB je Modul! Zusätzlich besitzt es zwei 16fache PCI Express (PCIe 3.0) Steckplätze für die Grafikkarte sowie zwei durchschnittliche PCIe 2.0 Steckplätze für Erweiterungen. Insgesamt sechs SATA Anschlüsse für Festplatten mit einer Geschwindigkeit von 6GB/sec sind auch gegeben. Gemäß dem aktuellen Standard besitzt das Mainboard auch einen integrierten Netzwerkadapter sowie auch einen 7.1 Soundchip.

Da das Mainboard zusätzlich noch zwei USB 3.0 Anschlüsse besitzt, was aktuell die schnellste USB Anbindung darstellt, bietet es mit einem Preis von ca. 60 € ein hervorragendes Preisleistungsverhältnis! Die nächste Komponente die gewählt wird ist der Arbeitsspeicher. Ein Arbeitsspeicher mit einer Kapazität von 8GB erfüllt komplett die Anforderungen im Office & Internet Bereich. Der Arbeitsspeicher kann mit einer Taktrate bzw. Geschwindigkeit von ca. 1400-1800MHz gewählt werden. Eine gute Empfehlung für diesen Anwendungsbereich ist der Arbeitsspeicher von dem Hersteller Crucial:

- **Low End:** 8GB Crucial Ballistix Sport DDR3-1600 DIMM CL9 Dual Kit/Preis: 30€

Dieser Speicher bietet sogar eine relativ schnelle Zugriffszeit von 11ns, was bei einem Preis von 30€ eine gute Leistung darstellt! Die nächste Komponente ist die Festplatte. Hier muss man einschätzen können wieviel Daten in Zukunft auf dem PC gespeichert werden sollen bzw. wie groß diese Daten durchschnittlich sein werden. Da im Office & Internet Bereich hauptsächlich Textdateien und Bilder gespeichert werden, muss die Festplatte nicht sonderlich groß sein. Eine Speicherkapazität zwischen 500 – 1000GB ist hier ausreichend! Grundsätzlich wird bei jedem Anwendungsbereich eine Kombination zwischen SSD als Systemfestplatte und HDD als Datenspeicherplatte am häufigsten verwendet. Da die SSD Festplatte mit der größten Geschwindigkeit arbeitet, ist es sinnvoll auf ihr das Betriebssystem sowie die am häufigsten verwendeten Programme zu installieren. Dadurch läuft der Computer schneller und das Arbeiten mit Programmen im Alltag geht zügig voran! Die HDD Festplatte kann wie erwähnt als Datenspeicher genutzt werden.

Dass bedeutet das auf dieser Festplatte hauptsächlich statische Daten (siehe Festplatten) wie z.B. Text- und Bild-Dateien in diesem Anwendungsbereich gespeichert werden. Dies hängt wie schon erwähnt, natürlich davon ab wieviel Daten in Zukunft auf den Festplatten gespeichert werden sollen. Falls die Menge bzw. Größe nicht so groß ausfallen sollte, kann auch nur eine SSD Festplatte mit einer Speicherkapazität zwischen 500 und 1000GB genutzt werden. Beispiel für eine Festplattenkombination im Office & Internet Bereich:

- **SSD Systemfestplatte:**
  120GB Kingston SSD Now V300 2.5" SATA 6Gb/s/ Preis: ca. 40€
  480GB Crucial BX200 2.5" SATA 6GB/s/ Preis: ca. 100€
- **HDD Datenspeicherfestplatte:**
  1000GB Seagate Desktop HDD ST1000DM003 64MB 3.5 6GB/s/ Preis: ca. 50€

Als nächstes muss eine geeignete Grafikkarte für das Computersystem ausgesucht werden. Wie schon erwähnt wurde, besitzt das ausgewählte Mainboard schon einen fest integrierten Grafikchip, der die Anforderung in diesem Bereich vollkommen entspricht. Diese Empfehlung zur separaten Grafikkarte stellt nur eine weitere Option dar, um die Konfigurationsmöglichkeiten in diesem Buch zu erweitern. Da im Office & Internetbereich die Leistung der Grafikkarte nicht sehr hoch sein muss, kann man hier ein Exemplar aus dem Low Segment aussuchen. Bestimmte Spezifikationen die man bei der Karte beachten muss, gibt es in diesem Bereich nicht. Beispiel:

- **Low End:** 2048MB KFA2 GeForce GT 710 PCIe 2.0/Preis: ca. 40€

Als geeignetes Laufwerk für den Office & Internetbereich stellt ein Brenner eine sinnvolle Lösung dar. In diesem Bereich kommt es oft vor, das bestimmte Daten mittels CD oder DVD transportiert werden müssen. Im Normalfall reicht hier ein DVD Brenner aus. Aber selbst Blu-ray Laufwerke bzw. Brenner haben sich heutzutage schon soweit etabliert, das sie nicht mehr sehr teuer sind. Da sie auch abwärtskompatibel zu CDs und DVDs sind und sie selbst für diesen Bereich durchaus zu einer Alternative geworden! Einen herkömmlichen Blu-ray Brenner erhält man schon für ca. 60 €. Beispiel für das hier definierte Computersystem:

- LG BH16NS55 Blu-ray Disc Writer SATA/Preis: 60€

Nun muss noch ein passendes Netzteil zur Stromversorgung ausgewählt werden. Da die verbauten Komponenten im Office & Internetbereich nicht sehr leistungsstark sind und somit auch nicht viel Strom verbrauchen, reicht ein Netzteil mit einer Leistung von maximal 500Watt für dieses Anwendungsgebiet aus. Bestimmte Spezifikationen müssen auch hier nicht beachtet werden. Beispiel für diesen Anwendungsbereich:

- 500 Watt Xilence Performance C Series/Preis: 30€

Damit ist auch schon das komplette Innenleben des PC's zusammengestellt. Jetzt wird ein Gehäuse benötigt, worin die Komponenten verbaut werden. Wie erwähnt sind die Komponenten im Office & Internetbereich nicht sehr leistungsstark und erzeugen somit auch keine große Abwärme, damit verbunden erfordern sie auch nicht viel Platz im Gehäuse. Daher kann ein Gehäuse aus dem Mini Tower Segment verwendet werden. Der verfügbare Platz, wo der PC nachher stehen soll, stellt hier natürlich auch einen Punkt zur Entscheidungshilfe dar. Hier ein Beispiel zum erwähnten Größensegment:

- **Mini Tower:** Sharkoon MA-A1000 USB 3.0 Mini Tower/Preis: 35€

Gesamtwert des hier zusammengestellten PCs: **438€**

Gaming/Videospiele

Videospiele haben sich in der Gesellschaft schon lange etabliert und erwecken das Interesse vieler Menschen aus den unterschiedlichsten Altersgruppen! Wenn man beabsichtigt mit dem PC hauptsächlich Videospiele zu spielen, braucht der Computer schon viel Leistung! Dies hängt damit zusammen, dass sich die Technik bzw. die Grafik der Videospiele sehr rasant entwickelt und immer anspruchsvoller wird. Vor allem im hochauflösenden HD Bereich. Hier hängt es aber auch davon ab, in welcher Qualität man spielen möchte bzw. auch wie leistungsstark der PC für zukünftige Spiele bleiben soll. Spiele für den PC haben viele Einstellungsmöglichkeiten die Technik bzw. die Grafik ans eigene Computersystem anzupassen! Je besser und detailreicher die Grafik eingestellt wird, desto leistungsfähiger muss der Computer bzw. dessen Komponenten sein! Die wichtigste Komponente im Gaming Bereich stellt natürlich die Grafikkarte dar. Gerade wenn in hohen Auflösungen mit angepasstem Detailgrad gespielt werden will, muss die Grafikkarte sehr leistungsstark sein. Als erstes wird ein geeigneter Prozessor gewählt. Da aktuelle Videospiele immer komplexer werdende KIs (Künstliche Intelligenz) verwendet bzw. viele selbst berechnende Abläufe gleichzeitig einsetzen, ist der Prozessor auch eine sehr wichtige Komponente für den Gaming PC! Hier ist es wichtig darauf zu achten eine ausgewogene Mischung zwischen Prozessor und Grafikkarte zu wählen! Denn wenn z.B. ein relativ schwacher Prozessor mit einer sehr starken Grafikkarte kombiniert wird, kann die zusätzliche Leistung der Grafikkarte nicht ausgenutzt werden.

Dies hängt damit zusammen, dass der Prozessor mit seinen Arbeitszyklen der Grafikkarte nicht hinterherkommt. Somit drosselt so eine Kombination das ganze Computersystem. Dies gilt auch in umgekehrter Kombination (schwache Grafikkarte + starker Prozessor). Beispiel für einen aktuellen Prozessor mit einem ausgewogenen Preisleistungsverhältnis:

- **Mid End:** AMD FX Series FX-8350 8x 4.00GHz So.AM3+/Preis: ca. 150€

Dieser Prozessor von AMD besitzt acht Kerne die jeweils mit einer Taktrate von 4GHz arbeiten können. Dies stellt eine beträchtliche Leistung dar! Mit so einer CPU können auch in Zukunft, sehr viele Spiele problemlos laufen. Der Prozessor ist für den Sockel AM3+ konzipiert. Dieser Prozessor arbeitet mit einer hohen Leistung, was natürlich für viel Abwärme sorgt. Der CPU Lüfter muss daher für eine gute Kühlung sorgen. Beispiel für ein passendes Modell:

- be quiet! Shadow Rock 2 Tower/Preis: ca.38€

Nun muss zu der CPU ein passendes Mainboard ausgesucht werden. Wie erwähnt muss es einen AM3+ Sockel besitzen. Ein gutes Beispiel für den Gaming Bereich wäre folgendes Mainboard:

- **Mid End**: ASUS M5A97 LE R2.0/Preis: ca. 85€

Dieses Mainboard unterstützt alle Prozessoren für den Sockeltyp AM3+, was für die Zukunft viele Möglichkeiten zur Aufrüstung des Gaming PCs eröffnet. Der Formfaktor ist Standard ATX. Darüber hinaus besitzt das Mainboard den schnellen „AMD 970" Chipsatz, dieser bewirkt einen sehr schnellen Datenaustausch zwischen den PC Bauteilen!

Das Mainboard unterstütz maximal den Arbeitsspeichertyp DDR3-2133 und ist abwärtskompatibel zu den Typen DDR3-1866, 1600, 1333 und 1066. Die maximale Speicherkapazität liegt bei insgesamt 32GB, bei vier verfügbaren Steckplätzen. Dem Standard entsprechend ist natürlich auch ein Netzwerkadapter sowie ein Soundchip fest integriert. Was besonders zu erwähnen ist, sind zwei verfügbare PCIe 2.0 x16 Steckplätze für zwei separate Grafikkarten. Somit unterstützt das Mainboard auch die aktuelle Crossfire Technik zum Betrieb von zwei parallellaufenden Grafikkarten. Daher bietet das Mainboard eine sehr gute Möglichkeit zum Aufrüsten! Es kann eine weitere Grafikkarte des gleichen Modells einbaut werden, was theoretisch das doppelte an Leistung mit sich bringt! Zusätzlich besitzt das Mainboard zwei Anschlüsse mit dem neuen USB 3.0 Standard, der eine sehr schnelle Datenübertragung zwischen PC und externen Datenträgern wie USB Sticks oder Festplatten gewährleistet. Dazu ergänzend sind sechs Anschlüsse mit dem USB 2.0 Standard vorhanden. Insgesamt sind sechs SATA 6GB/s Anschlüsse für Festplatten nutzbar. Mit diesen Spezifikationen und einem Preis von ca. 85 € bietet das Mainboard ein sehr gutes Preisleistungsverhältnis! Die nächste Komponente, die ausgesucht werden muss, stellt die Grafikkarte dar. Wie erwähnt ist sie mitunter die wichtigste Komponente im Gaming Bereich. Bei der Komplexität aktueller Videospiele muss die Grafikkarte mindestens einen Arbeitsspeicher (RAM) mit einer Kapazität von 4GB aufweisen. Eine Speicheranbindung von mindestens 256Bit sollte auch gegeben sein. Der Grafikprozessor (GPU) muss mindestens mit einer Taktrate von 900MHz arbeiten können. Beispiel:

Mid End: 4096MB HIS Radeon R9 380/Preis: 200€

Zusätzlich zu den genannten Spezifikationen, besitzt die Grafikkarte 1792 Streamprozessoren, was effektreichen Videospielen zugutekommt und ausreichend viel Leistung bietet. Die Taktrate des Grafikprozessors liegt der Empfehlung entsprechend bei 990MHz. Der Grafikspeicher der Grafikkarte stellt die zurzeit aktuellste Variante dar: GDDR5 und arbeitet mit einer Geschwindigkeit von 5700MHz(5,7GHz). Die Speicheranbindung liegt bei 256bit. Dies stellt auch eine beträchtliche Leistung dar und bietet sogar für zukünftige Spiele ausreichend viel Ressourcen. Die Grafikkarte unterstützt auch die neue Grafikschnittstelle „DirectX 12". Diese Software wird von Entwicklern von Videospielen genutzt, um komplexe 2D und 3D Grafiken zu erstellen. Diese Software entwickelt sich alle paar Jahre weiter. Leider sind aktuelle Grafikkartenmodelle immer auf diese Software zugeschnitten. Das bedeutet, wenn eine neue DirectX Version rauskommt, alte Grafikkarten diese nicht unterstützen. Hier kann aber eine Entwarnung gegeben werden, da bei den Sprüngen der DirectX Software immer viele Jahre dazwischenliegen. Als nächstes braucht der Gaming PC auch ausreichend viel Arbeitsspeicher. Der Durchschnittswert liegt hier bei einer Kapazität von 8GB. Da aktuelle Videospiele wie auch Anwendungen in Zukunft immer komplexer und aufwändiger werden, wird sich der aktuelle Durchschnittswert von 8GB relativ schnell ändern. 12 bis 16GB werden die nächste Stufe sein. Videospielwelten verwenden heutzutage sehr weitläufige Areale, wo permanent Daten nachgeladen werden müssen. Daher muss der Arbeitsspeicher schnell sein und zumindest mit einer Taktrate von ca. 1,8GHz arbeiten können. Beispiel:

- **Mid End:** GSkill 16GB DDR3-2133Kit/Preis: 70€

Der Arbeitsspeicher besteht aus zwei 8GB Modulen, bietet also eine Gesamtkapazität von 16GB und arbeitet mit einer Taktrate von 2133MHz. Die Latenzzeiten liegen bei 11-11-11-30. Daraus resultiert eine endgültige Latenzzeit von 10ns (Nano Sekunden), was einen guten Wert darstellt. Bei einem Preis von 70€ liefert dieser Arbeitsspeicher ein ausgesprochen gutes Preisleistungsverhältnis. Die Festplatten sind die nächsten Komponenten die gewählt werden müssen. Gerade in diesem Anwendungsbereich sollte als Systemfestplatte eine SSD verbaut werden. Die Ladezeiten bei Videospielen sowie das starten derselben, werden durch SSD Festplatten deutlich verkürzt. Als reinen Datenspeicher kann auch hier eine herkömmliche HDD Festplatte genutzt werden. Diese sind, wie in den vorherigen Kapiteln ersichtlich, sehr kostengünstig und bieten viel Speicherplatz. Aktuelle Videospiele sind sehr groß, durchschnittlich liegt der Speicherbedarf bei rund 30GB und mehr und der Trend geht nach oben. Daher sollte gerade die Datenspeicherplatte eine große Kapazität aufweisen. mindestens 2000GB (2TB). Aufgrund der Preisunterschiede, die von der Speicherkapazität abhängen, muss natürlich auch selbst entschieden werden wieviel man hier an Geld investieren will. SSD Festplatten mit großer Speicherkapazität kosten zurzeit noch sehr viel Geld. Da in der Regel meistens nur 2-3 Spiele aktiv gespielt werden und Programme sowie Anwendungen nicht sehr viel Speicherplatz kosten, reicht hier auch eine 250GB große SSD Festplatte aus. Vor allem da aktuelle Betriebssysteme, wie Windows 10, nicht mehr sehr groß ausfallen (liegt bei ca. 4GB). Beispiel für eine Preisgünstige 250GB SSD:

- **Mid End:** 250GB Samsung 750Evo/Preis: ca.70€

Diese Festplatte bietet eine Lesegeschwindigkeit von bis 540MB/s und eine Schreibgeschwindigkeit von bis zu 520MB/s. Dies sind sehr gute Werte und gewährleisten ein schnelles Computersystem. Bei einem Preis von 70 € ist das Preisleistungsverhältnis überragend.

Eine gute HDD Datenspeicherfestplatte ist z.B. folgendes Modell:

- **Mid End:** 2000GB Seagate Desktop HDD ST2000DM001 64MB SATA 6GB/s/Preis: ca. 65€

Diese Festplatte bietet eine Speicherkapazität von 2000GB (2TB) und besitzt einen Datencache (Zwischenspeicher) von 64MB, was für diesen Bereich vollkommen ausreichend ist. Als optisches Laufwerk für ein Gaming PC sollte ein Blu-ray Laufwerk verbaut werden. Wie erwähnt sind Videospiele heutzutage sehr groß und kosten viel Speicherkapazität. Deswegen werden Videospiele oft nur noch auf Blu-ray Datenträgern ausgeliefert.

Beispiel Modell für den hier zusammengestellten Gaming PC:

- LG CH12NS30 Blu-ray Combo SATA/Preis: ca.53€

Nun muss der Gaming PC natürlich auch mit Strom versorgt werden. Da die Komponenten sehr leistungsstark sind, verbrauchen sie auch viel Strom. Daher muss ein Netzteil gewählt werden, dass ausreichend viel Leistung besitzt. Mindestens 500Watt an Leistung muss das Netzteil schon bieten können, um die Komponenten des Gaming PCs mit ausreichend viel Strom zu versorgen. Besser sind sogar 600 bis 800Watt. Dies ist auch davon abhängig, wie leistungsstark die jeweiligen PC- Komponenten sind. Denn diese beiden Komponenten verbrauchen unter Volllast den meisten Strom. Hat man hier z. B. ein High End System mit den stärksten Komponenten zusammengestellt, muss das Netzteil mindestens 800 bis 1000 Watt an Leistung besitzen. Ein hochwertiges Netzteil von namenhaften Herstellern kann im Preis zwischen 60 bis 150 € kosten. Beispiel:

- **Mid End:** Corsair VS650/Preis: ca.57€

Dieses Netzteil besitzt eine Leistung von 650 Watt, was bei dem hier zusammengestellten System ausreichend ist. Nun muss des Gaming PC Gestalt annehmen. Dazu wird ein passendes Gehäuse ausgesucht. Leistungsstarke Grafikkarten sind heutzutage sehr groß geworden und brauchen viel Platz im Gehäuse. Auch die Anzahl der zu verwendenden Festplatten ist ein wichtiger Punkt zur Auswahl der Größe des Gehäuses. Dazu kommt das Grafikkarten und Prozessoren durch die hohe Leistung die sie bringen, viel Abwärme erzeugen. Es ist wichtig das die PC-Komponenten im Gehäuse genügend Platz zum Atmen haben. Beispiel für ein Gehäuse im Gaming Bereich:

- **Midi Tower:** Sharkoon T28 Blue E/Preis: ca.70€

Das Gehäuse gliedert sich im Midi Tower Bereich ein und bringt gleich drei 120mm Gehäuselüfter mit. Zwei die vorne am Gehäuse angebracht sind, also um kühle Luft rein zu pusten und ein Lüfter auf der Rückseite, um die warme Luft wieder raus zu pusten. Damit wird ein zirkulierender Luftstrom im Gehäuse erzeugt und bietet eine ausreichende Kühlung für den PC. Es besitzt vier USB Anschlüsse, inklusive USB 3.0 auf der Vorderseite und bietet im Innenraum reichlich Platz für die hier zusammengestellten PC-Komponenten. Gesamtwert des hier zusammengestellten PCs: **858€**

Video & Bildbearbeitung

Im Anwendungsbereich der Video & Bildbearbeitung muss ein PC so ähnlich wie im Gaming Bereich auch sehr leistungsstark sein. Gerade in der Videobearbeitung, wo Clips und Videos oft codiert und gerendert werden müssen, wird auch eine leistungsstarke Grafikkarte benötigt. Speziell wenn Videos in andere Formate umgewandelt werden, kann dieser Prozess bei schwachen Grafikkarten sehr lange dauern. Doch der Prozessor sowie der Arbeitsspeicher spielen dabei natürlich auch eine große Rolle. Der Prozessor muss im Video und Bildbearbeitungsbereich mindestens vier Kerne haben. Auch hier fordern die jeweiligen Bearbeitungsprogramme viel Leistung ein. Daher ist eine Taktrate von mindestens 3GHz erforderlich! Beispiel zu einem passenden Prozessor:

- **Mid End:** AMD FX Series FX-6300 6x 3.50GHz So.AM3+/Preis: ca. 90€

Dieser Prozessor besitzt sechs Kerne die jeweils mit einer Taktrate von 3,5GHz arbeiten können. Zusätzlich bietet der Prozessor sogar die Möglichkeit der Übertaktung (Geschwindigkeitssteigerung) und hat sich bei Tests gerade im Videobearbeitungsbereich sehr gut bewährtet. Konzipiert ist der Prozessor für den Sockel AM3+. Bei einem Preis von 90€ ist das Preisleistungsverhältnis auf einem sehr guten Niveau. Nun muss auch ein passender Lüfter für die CPU gewählt werden. Für diese Art von Sockel ist das folgende Modell ein gutes Beispiel:

- Thermaltake Contac 21/Preis: ca.25€

Dieser Lüfter gewährleistet für den gewählten Prozessor genügend Kühlleistung und ist zudem bei einem Preis von 25€ sehr günstig. Das Mainboard für diesen PC muss also den Sockel AM3+ besitzen und ausreichend viel Steckplätze für den Arbeitsspeicher bieten. Ein gutes Beispiel stellt folgendes Modell dar:

- **Mid End:** MSI 970A-G43/Preis: ca.67€

Dieses Mainboard besitzt auch den schnellen AMD 970 Chipsatz, der einen schnellen Datentransfer zwischen den PC-Komponenten gewährleistet. Formfaktor ist Standard ATX. Eine maximale Kapazität von 32GB RAM wird unterstützt. Der aktuellste nutzbare Arbeitsspeicher ist DDR3-2133. Eine Abwärtskompatibilität bis DDR3-1066 ist auch gegeben. Darüber hinaus unterstützt es auch alle gängigen Standards wie z. B. zwei USB 3.0 Anschlüsse, 6 USB Anschlüsse, integrierter Netzwerkadapter sowie Soundchip und zwei PCIe x16 Anschlüsse. Damit ist es auch mit diesem Mainboard möglich, die Crossfire Technologie zu nutzen, um damit zwei parallellaufende Grafikkarten betreiben zu können. Gerade in diesem Anwendungsbereich stellt das eine wichtige Aufrüstmöglichkeit dar. Video und Bildbearbeitungsprogramme erfordern viel Arbeitsspeicher, gerade wenn man mit hochauflösenden HD Inhalten arbeitet. 16GB an Speicherkapazität sind hier Pflicht. Auch auf aktuellen Speicher sollte Wert gelegt werden. Dessen Taktrate sollte auch nicht unter 1800MHz liegen. Die Latenz, also die Zugriffszeit, darf auch nicht zu hoch sein. Beispiel für einen aktuellen Arbeitsspeicher mit diesen Spezifikationen:

- **Mid End:** GEIL DIMM 16 GB DDR3-2133 Kit/Preis: ca.87€

Dieser Arbeitsspeicher besteht aus zwei 8GB Riegeln, die jeweils mit einer Taktrate von 2133MHz arbeiten können. Die Latenzen des Arbeitsspeichers liegen bei 11-11-11-36. Daraus resultiert eine endgültige Zugriffzeit von 10ns. Dies stellt einen guten Wert dar und liefert mit den restlichen hier erwähnten Spezifikationen ein gutes Preisleistungsverhältnis. Die Grafikkarte ist die nächste Komponente die ausgesucht werden muss. Wie erwähnt muss gerade diese Komponente im Video und Bildbearbeitungsbereich auch leistungsstark sein. Die Karte muss viel Grafikspeicher(RAM) besitzen. Ein zu empfehlender Wert sind hier 4GB bei einer Taktrate von über 4GHz. Auch die Speicheranbindung sollte so ähnlich wie im Gaming Bereich bei mindestens 256Bit liegen. Die Taktrate der GPU also des Grafikprozessors muss bei mindestens 900MHz liegen. Beispiel:

- XFX AMD Radeon R7 370/Preis: ca. 158€

Diese Grafikkarte besitzt einen Speicher mit einer Kapazität von 4GB der Art GDDR5 und einer Taktrate von 5600MHz (5,6GHz). Ergänzend dazu besitzt die Karte eine Speicheranbindung von 256Bit. Der Grafikprozessor (GPU) arbeitet mit einer Taktrate von 975MHz. Das sind sehr gute Werte für einen Preis von 158€. Jetzt müssen geeignete Festplatten für das System ausgesucht werden. Auch hier ist die Kombination zwischen SSD und HDD die sinnvollste. Gerade bei Bildbearbeitungsprogrammen profitiert man von der Geschwindigkeit einer SSD Festplatte. Die SSD Systemplatte sollte speziell bei der Videobearbeitung, aufgrund der HD Inhalte, eine Speicherkapazität zwischen 250 bis 500GB besitzen. Bildbearbeitung 128GB. Beispiel:

- OCZ TRN150-25SAT3-120GB/Preis: ca.40€

- 240GB Crucial BX200 6GB/s/Preis: ca.55€

Diese Festplatte bietet bei einem Preis von 55€ und einer Kapazität von 240GB ein grandioses Preisleistungs-verhältnis! Die Lesegeschwindigkeit liegt bei 540MB/s und die Schreibgeschwindigkeit bei 490MB/s. Diese Werte sind bei dem Preis von 55€ ausgesprochen gut. Nun muss noch eine HDD Datenspeicherfestplatte gewählt werden. Wie erwähnt, sind die zu bearbeitenden Daten (Sprich Videos, Clips, Bilder etc.) als HD Inhalt sehr groß. Abhängig von der Länge kann hier ein Film bis zu 18GB groß sein. Daher muss die HDD Festplatte auch ausreichend viel Kapazität bieten. 2000GB (2TB) sind auch hier ein Mindestmaß. Die HDD muss für diesen Bereich auch ausreichend viel Geschwindigkeit besitzen, daher bietet sich hier auch eine Hybridplatte (SSHD) an. Beispiel:

- Seagate ST2000DX001 2 TB/Preis: ca. 95€

Wie im Hardwarekapitel zu Festplatten erklärt, handelt es sich hier um eine Hybridfestplatte. Also eine Festplatte die beide Technologien nutzt, SSD und HDD. Mit einer Umdrehungszahl von 7200/min und der SSD Flashspeicher Ergänzung bietet sie eine optimale Leistung für diesen Anwendungsbereich. Als nächstes wird ein optisches Laufwerk für den PC ausgesucht. Da aktuelle HD Inhalte heutzutage ausschließlich nur auf Blu-ray Datenträgern geliefert werden, ist ein solches Laufwerk sinnvoll für diesen Bereich. Speziell kann hier auch ein Brenner gewählt werden, da selbst erstellte bzw. bearbeitete Videos oft auf Datenträgern kopiert werden müssen, die auf gängigen Geräten abspielbar sein müssen. Beispiel:

- LG Electronics BH16NS55/ Preis: ca.60€

Dieses Laufwerk unterstützt alle gängigen Formate bei guten Durchschnittsgeschwindigkeiten. Es stellt eine gute Ergänzung zu dem PC in diesem Anwendungsbereich dar. Nun muss ein Netzteil für den PC ausgesucht werden. Da auch hier die Komponenten relativ viel Strom verbrauchen, muss das Netzteil ausreichend Leistung bieten können. 500 Watt stellt hier auch den Mindestwert dar. Beispiel:

- Xilence Performance C 500W/Preis: ca.35€

Die letzte Komponente ist das Gehäuse. Hier kann, so wie im Gaming Bereich, eins aus der mittleren Größenkategorie „Midi Tower" ausgesucht werden. Beispiel:

- MS-TECH CA-0175/ Preis: ca.33€

Dieses Gehäuse bietet ausreichend viel Platz für die PC-Komponenten und besitzt schon einen vorinstallierten 120mm Lüfter an der Vorderseite. Dazu ergänzend kann noch ein weiterer 120mm Lüfter an der Hinterseite verbaut werden, um eine optimale Luftzirkulation zu erreichen. So ein separater Lüfter sollte preislich bei ca. 20 € liegen.

Gesamtwert des hier zusammengestellten PCs: **745€**

Musik

Beabsichtig man den PC hauptsächlich für das Erstellen und Bearbeiten von Musik bzw. Sounddateien zu nutzen, ist eine separate Soundkarte die wichtigste Komponente! Heutzutage bringen Mainboards zwar von Haus aus fest integrierte Soundchips mit, jedoch bieten diese Komponenten nicht genügend Konfigurations-möglichkeiten sowie die für diesen Anwendungsbereich benötigte Soundqualität. Die restlichen PC-Komponenten müssen in diesem Anwendungsbereich nicht sehr leistungsstark sein. Nur der Arbeitsspeicher sollte aufgrund der Bearbeitungsprogramme ausreichend viel Kapazität und Geschwindigkeit bieten. Die erste Komponente ist wie gehabt der Prozessor. Hier kann ein Modell aus dem Low oder Mid End Segment gewählt werden. Vier Kerne sollte der Prozessor auch in diesem Anwendungsbereich haben. Diese müssen mindestens mit einer Taktrate von 2,8GHz arbeiten können. Beispiel für ein aktuelles AMD Modell:

- **Low End:** AMD Athlon X4 845 FM2+/Preis: ca.60€

Die vier Kerne dieses Prozessors arbeiten mit einer Taktrate von 3500MHz(3,5GHz). Die CPU ist für den Sockel FM2+ geeignet und bietet bei einem Preis von ca. 60€ mehr als ausreichend viel Leistung für diesen Anwendungsbereich. Da die Mainboards mit FM2+ Sockel das Format Micro ATX besitzen und somit ein Low Tower Gehäuse gewählt wird, muss darauf geachtet werden, dass der CPU Lüfter nicht zu groß ausfällt. Folgend ein Beispiel für den CPU Lüfter:

- Alpenföhn Panorama/ Preis: ca.20€

Die Maße dieses Lüfters sind relativ kompakt gehalten. Daher sollte der Einbau in das Low Tower Gehäuse keine Probleme darstellen. Die nächste Komponente ist das Mainboard. Dieses muss den Sockel FM2+ besitzen, um mit dem gewählten Prozessor kompatibel zu sein. Wichtig zu beachten ist, dass das Mainboard einen PCIe 2.0 Steckplatz für die separate Soundkarte besitzt. Ansonsten sollte das Mainboard für diesen Anwendungsbereich aktuelle Arbeitsspeichertypen unterstützen können (mind. DDR3-1866). Ein den Spezifikationen entsprechendes Beispiel ist folgendes Modell:

- **Low End:** MSI A88XM-E35 V2/Preis: ca.57€

Dieses Mainboard besitzt den Formfaktor micro ATX sowie den entsprechenden Sockel FM2+. Unterstützt wird der Arbeitsspeichertyp DDR3 mit einer maximalen Taktrate von 2133MHz. Zwei Steckplätze für den Arbeitsspeicher sind vorhanden, mit denen eine maximale Speicherkapazität von 32GB unterstützt wird. Darüber hinaus ist es auch abwärtskompatibel zu schwächeren Versionen bis DDR3-1333. Ein integrierter Grafikchip von AMD ist auch schon auf dem Mainboard verbaut, dementsprechend ist auch ein HDMI Ausgang vorhanden. Da in diesem Bereich keine große Leistung in der Grafik erfordert wird, kann theoretisch auch auf eine separate Grafikkarte verzichtet werden. Um mehrere Möglichkeiten der Konfiguration zu eröffnen wird trotzdem ein Beispiel für eine separate Grafikkarte gegeben. Wie vorgegeben, besitzt das Mainboard einen PCIe 2.0 Steckplatz für die Soundkarte und ergänzend dazu einen PCIe 3.0 16x Steckplatz für die Grafikkarte. Zusätzlich ist natürlich auch ein fest integrierter Netzwerkadapter vorhanden, sowie zwei USB 3.0 Anschlüsse. Das Preisleistungsverhältnis ist mit diesen Spezifikationen sehr gut. Die nächste Komponente stellt der Arbeitsspeicher dar. Dieser sollte wie erwähnt genügend Kapazität für diesen Anwendungsbereich besitzen. Empfehlenswert ist hier eine Kapazität von 8GB, diese deckt die Anforderungen im Musikbereich vollkommen ab. Beispiel:

- **Low End:** 8GB Corsair Vengeance Pro Series DDR3-2133/ Preis: ca.38€

Dieser Arbeitsspeicher ist vom Typ DDR3 und arbeitet mit einer Taktrate von 2133MHz. Die Latenzzeiten liegen bei 11-11-11-31, die resultierende Zugriffzeit liegt dann bei 10ns. Ein sehr guter Wert für diesen Preis. Dieser Arbeitsspeicher stellt für den Musik Bereich eine sehr gute Lösung dar. Die Festplatten sind die nächste Komponente die gewählt werden muss. Da die Daten im Musik Bereich nicht sehr groß sind (z.B. MP3 oder Wav Dateien zwischen 5 bis 25MB) müssen die Festplatten keine große Kapazität besitzen. Als Konfiguration wird wieder die SSD und HDD Variante gewählt. Die SSD Systemplatte kann hier eine Kapazität von ca. 250GB haben. Beispiel:

- 240GB Crucial BX200/Preis: 55€

Mit einer Schreibgeschwindigkeit von 490MB/s und einer Lesegeschwindigkeit von 540GB bietet diese SSD Festplatte ein hervorragendes Preisleistungsverhältnis. Die HDD Datenspeicherplatte kann mit einer Kapazität von 1000GB(1TB) ausgesucht werden. Aktuelles Beispiel:

- 1000GB WD Blue WD10EZEX /Preis: 47€

Nun muss eine Grafikkarte ausgesucht werden. Da im Musik Bereich keine komplexen Grafiken berechnet werden müssen, muss auch die Grafikkarte nicht sehr schnell sein. Besondere Spezifikationen sind hier nicht zu beachten. Daher kann ein Modell aus dem „Low End" Segment gewählt werden. Beispiel:

- **Low End:** 2048MB MSI GeForce GT 610 Passiv PCIe 2.0 x16/Preis: ca.38€

Jetzt wird die wichtigste Komponente für diesen Anwendungsbereich ausgesucht, die Soundkarte. Eine separate Soundkarte ist für den Musikbereich unabdingbar, da nur mit ihr die notwendige Qualität sowie Funktionalität einhergeht. Von Soundkarten gibt es zwei unterschiedliche Varianten, einmal die Karten die intern über ein PCIe Steckplatz betrieben werden und externe Soundkarten die an einen USB Anschluss gesteckt werden. Bekannte Hersteller Namen sind z.B. Creative, TerraTec und Powercolor. Ein wichtiger Punkt im Musikbereich sind die Anschlüsse die die Soundkarten bieten müssen. Ein Beispiel hierfür ist: 3,5mm Klinke, 6,3mm Klinke, Cinch und optische Ausgänge. Diese werden dazu benutzt, um externe Geräte bzw. Musikinstrumente wie z.B. Keyboards, Gitarren, Mikrofone und Mischpulte anzuschließen. Man kann sagen, je mehr Anschlüsse die Karte besitzt, desto besser ist sie. Natürlich variiert mit den vorhandenen Anschlüssen auch der Preis. Ein weiterer wichtiger Punkt ist die unterstützte „Bit"-Rate sowie die Kilohertzzahl (KHz)! Die Bitrate sowie der KHz Wert beeinflussen die Qualität der erstellten Musiktitel bzw. Aufnahmen. Ein allgemeiner Standard ist 192Khz bei 24Bit. Sehr teure High End Soundkarten gehen bei der Kilohertzzahl über einen Wert von 300. Die Bitrate kann bis zum Wert 32 liegen. Unteranderem beeinflusst der Bitwert auch die Größe der Musik/Sound-Dateien. Beispiel für eine Soundkarte:

- Creative Sound Blaster Zx/ Preis: ca.120€

„Creative" ist eine der bestbewertenden Marken in diesem Bereich. Diese Soundkarte besitzt 192Khz bei 24bit. Darüber hinaus besitzt die Karte sechs digitale und sechs analoge Kanäle. Dies ist auch ein wichtiger Punkt bei Soundkarten. Je mehr Kanäle die Karte besitzt, desto mehr Geräte bzw. Musikinstrumente können parallel genutzt werden! Ergänzend dazu besitzt die Karte vier 3,5mm Klinkenausgänge und einen 3,5mm Klinkeneingang für Mikrofone, einen 6,3mm Klinkeneingang sowie auch einen optischen. Cincheingänge oder -ausgänge sind zwar nicht vorhanden, doch dafür kann ein im Zubehör enthaltener Adapter (Klinke zu Cinch) genutzt werden. Ein externes Kontrollmodul ist zum bequemen bedienen auch vorhanden. Darüber kann separat die Lautstärke kontrolliert werden und Klinkenanschlüsse zur Verlängerung sind auch vorhanden. Diese Soundkarte bietet ein breites Portfolio an Funktionen und Anschlüssen und bietet daher ein sehr gutes Preisleistungsverhältnis. Das externe Gegenstück für den USB Anschluss ist folgendes Modell:

- IK-Multimedia iRig Pro Duo/Preis: ca. 177€

Diese externe Soundkarte bietet weitestgehend dieselben Spezifikationen. Nur ist diese Karte etwas mehr auf Aufnahmen mittels Musikinstrumenten oder Mikrofonen zugeschnitten. Von der Soundqualität liegen die beiden Karten gleich auf. Da die externe Soundkarte auch für den mobilen Einsatz gedacht ist, beinhaltet sie auch ein externes Netzteil. Sie kann aber auch durch Batterien betrieben werden. Dadurch liegt die externe Karte im Preis auch etwas höher. Als nächstes wird ein geeignetes Laufwerk ausgesucht. Da im Musikbereich die Daten nicht sehr groß ausfallen, kann hier ein DVD Brenner gewählt werden. Ein Brenner macht für diesen Bereich durchaus

Sinn wenn z. B. Musikstücke auf CD oder DVD gebrannt werden. Beispiel:

- LG GH24NSD1 DVD Brenner/Preis: ca. 16€

Das Netzteil wird als nächstes ausgesucht. Da die Komponenten in diesem Anwendungsbereich nicht sehr viel Leistung haben, verbrauchen sie auch nicht viel Strom. Daher kann ein Netzteil aus dem niedrigeren Leistungssegment gewählt werden. Ein 400Watt Netzteil entspricht den PC-Komponenten aus diesem Anwendungsbereich vollkommen. Beispiel:

- LEPA MX-F1 400W/Preis: ca.34€

Als letztes wird das Gehäuse ausgesucht. Das Mainboard das gewählt wurde, besitzt den Formfaktor micro ATX. Die übrigen Komponenten aus diesem Anwendungsbereich sind nicht sehr groß und erfordern daher nicht viel Platz im Gehäuse. Damit verbunden, erzeugen sie auch nicht viel Abwärme. Das bedeutet das hier ein Gehäuse aus dem „Mini Tower" Segment gewählt werden kann. Beispiel:

- **Mini Tower:** MSI A88XM-E35 V2/Preis: ca.30€

Gesamtwert des hier zusammengestellten PCs: **515-572€**

Entertainment & Multimedia

Im Entertainment & Multimedia Bereich werden Computer heutzutage immer beliebter. Sie bieten eine große Bandbreite an Möglichkeiten, unterschiedliche Medien bzw. Formate abzuspielen oder zu streamen. Streamen bedeutet, dass sich die eigentlichen Daten wie z. B. Filme, Musik, Bilder etc. nicht direkt auf dem eigenen PC befinden, sondern über das Internet oder ein Netzwerk abgespielt werden. Das heißt, dass sich die Daten auf einem anderen Gerät befinden. Heutzutage gibt es auch andere Geräte wie z. B. Blu-ray Player, die die Möglichkeit bieten, mehrere Formate über externe Datenträger wie z. B. USB Sticks abzuspielen. Jedoch gibt es hier abhängig vom Gerät trotzdem immer wieder Probleme beim Abspielen bestimmter Formate. Streaming ist so gut wie gar nicht möglich! Daher ist ein gut konfigurierter PC in diesem Bereich immer das Maß aller Dinge. Allgemein werden PC's im Entertainment & Multimedia Bereich auch Mediacenter genannt. Es gibt viele unterschiedliche Varianten und Konfigurationen dieser Mediacenter. Eine oft und gern gewählte Variante stellt der Barebone PC dar. Diese Variante hat den Vorteil, dass sie sehr klein und platzsparend ist. So ein PC/Mediacenter kann bequem im Wohnzimmer aufgestellt werden und kann somit direkt mit dem Fernseher verbunden werden. Ein durchschnittlicher Barebone PC hat die Maße: ca. 115x112x52mm.

Mit diesem handlichen Format kann das Mediacenter so gut wie überall aufgestellt werden. Der Clou eines solchen Mediacenters ist, das es im Prinzip ein ganz gewöhnlicher PC ist, nur eben im kleinen Format. Vom Aufbau her gibt es keinen großen Unterschied zu einem gewöhnlichen PC. Die Komponenten sind genau dieselben. Wie man aus den vorherigen Kapiteln entnehmen kann, hat ein gewöhnliches Mainboard ein Größenformat, das mit dem Begriff ATX bezeichnet wird. Bei Mediacentern bzw. Barebone PC's wird in der Regel das kleinere Format mit der Bezeichnung Mini ITX oder Micro ATX verwendet. Im Prinzip ist es nur Geschmackssache, ob das eine oder andere Format gewählt wird. Sinnvoll ist es, vor dem Bau eine Vorstellung zu haben, wie groß der Barebone PC werden soll. Hier spielt der verfügbare Platz natürlich auch eine Rolle. Ein Mediacenter PC besteht aus den gleichen Komponenten wie ein gewöhnlicher Computer, daher muss als erstes ein passendes Mainboard gewählt werden. Als Beispiel wird hier ein Mainboard im Mini ITX Format gewählt. Beispiel:

- **Low End:** ASRock J3160DC-ITX/Preis: ca.113€

Dieses Mainboard ist sehr kompakt und klein gehalten und damit ausgesprochen gut für ein Mediacenter PC geeignet. Es besitzt einen „System on Chip" (SoC) Chipsatz. Dieser Chipsatz oder bzw. diese Technik stellt die große Besonderheit dieses Mainboards dar. Denn der Prozessor sowie die Grafikarte sind bereits fest integriert. Das bedeutet, das diese Komponenten nicht separat gekauft werden müssen. Diese Technik wurde schon in einem gewissen Maß im Kapitel „Mainboards" erklärt. Der Prozessor hat die Bezeichnung „Intel Pentium J3160" und besitzt vier Kerne mit einer Taktrate von 1,6GHz.

Diese Leistung deckt die Anforderung in diesem Bereich mehr als ausreichend ab. Darüber hinaus ist ein passiver Prozessorkühler auch im Lieferumfang enthalten und schon fest verbaut. Die integrierte Grafikeinheit hat die Bezeichnung „Intel HD Graphics 400". Diese Grafikeinheit ist stark genug um sogar den neuen HDMI 1.4 Anschluss zu unterstützen. Rein theoretisch kann mit solch einem HDMI Anschluss sogar die aktuelle 4K Auflösung (vierfache HD Auflösung) dargestellt werden. Jedenfalls in Bezug auf Filme und Bilder. Für Spiele reicht die Leistung hier nicht bei weitem aus. Was hier ausgesprochen vorteilhaft für diesen Anwendungsbereich ist, ist die passive Kühlung aller Komponenten. Das bedeutet, dass dieser Mediacenter PC am Ende vollkommen geräuschlos sein wird. Darüber hinaus, besitzt das Mainboard auch gleich vier USB 3.0 Anschlüsse, die gerade im Multimediabereich nützlich sind. Zwei USB 2.0 Anschlüsse. Netzwerkadapter und 7.1 Soundchip sind natürlich auch schon fest integriert. Das Mainboard unterstützt den Arbeitsspeichertyp SO DDR3 mit einer maximalen Taktrate von 1600MHz und besitzt dafür zwei Steckplätze (max. Kapazität liegt bei 16GB). Zusätzlich ist das Board auch mit der schwächeren Variante SO DDR3-1333 kompatibel. Dieser Arbeitsspeichertyp unterscheidet sich in seiner Bauart von der gängigen DDR3 Variante. Für diesen Anwendungsbereich reicht eine Kapazität von 8GB.

G.Skill SO-DIMM 8 GB DDR3-1600/ Preis: ca.32€

Dieser Arbeitsspeicher passt mit seinen Spezifikationen perfekt zu dem gewählten Mainboard und besitzt sogar für den Preis, sehr gute Zugriffszeiten (Latenzen). Diese liegen bei 9-9-9-28. Die resultierende Zugriffzeit liegt dann bei 11ns. Als nächstes werden die Festplatten ausgesucht. Hier kann auch eine Kombination aus SSD als Systemplatte und HDD als Datenspeicherplatte gewählt werden. Die SSD Systemplatte muss hier von ihrer Speicherkapazität her nicht sehr groß sein, 128GB reichen hier aus, da sich hauptsächlich nur das Betriebssystem und etwaige Programme auf ihr befinden werden. Beispiel:

- OCZ TRN150-25SAT3-120G 120 GB/ Preis: ca.40€

Die HDD Datenspeicherplatte sollte schon eine größere Speicherkapazität aufweisen, da hier in Zukunft hochauflösende Filme, Videos, Bilder etc. Platz finden müssen und diese Daten sind wie erwähnt sehr groß (8 bis 25GB). Daher sollte die HDD eine Speicherkapazität von mindestens 2000GB (2TB) aufweisen. Beispiel:

- 2000GB Seagate Desktop HDD ST2000DM001 64MB/Preis: ca.65€

Diese Festplatte arbeitet mit einer Geschwindigkeit von 7200 Umdrehungen/min und besitzt einen Zwischenspeicher von 64MB. Diese Spezifikationen reichen für diesen Anwendungsbereich aus und bilden ein gutes Preisleistungsverhältnis. Nun muss noch ein Laufwerk für den Mediacenter PC gewählt werden. Hier kann wieder einmal nur ein Blu-ray Laufwerk in Betracht gezogen werden. Denn gerade im Entertainment & Multimedia Bereich muss der PC solche Datenträger abspielen können. Daher muss es hier nicht unbedingt ein

Blu-ray Brenner sein, die Abspielfunktion ist hier die relevante Funktion. Speziell in Bezug zu hochauflösenden HD Inhalten. Dieser Mediacenter PC wird mit diesem Laufwerk wie ein Blu-ray Player fungieren, nur mit weitaus mehr Möglichkeiten. Beispiel für ein aktuelles Laufwerk:

- LG CH12NS30 Blu-ray Combo SATA/Preis: ca.53€

Die nächste Besonderheit des Mainboards ist das Netzteil. Bei diesem Formfaktor, also mini ITX, können keine gewöhnlichen PC Netzteile angeschlossen werden. Hier kommen externe Netzteile zum Einsatz, so ähnlich wie beim Laptop. Die unterstütze Spannung des Mainboards liegt bei 19Volt. Jedoch muss man sich jetzt nicht auf die lange Suche nach einem passenden Netzteil begeben, denn es ist hier schon im Lieferumfang enthalten. Wie man sieht, bietet dieses Mainboard ein hervorragendes Preisleistungs-verhältnis für diesen Anwendungsbereich. Als letztes wird das Gehäuse ausgesucht. Auch hier ist der Formfaktor natürlich sehr klein und vollkommen anders als beim üblichen ATX Standard. Beispiel für so ein Gehäuse:

- Sharkoon SHARK ZONE C10/Preis: ca.40€

Gesamtwert des hier zusammengestellten PCs: **343€**

Peripherie

Peripheriegeräte können als externe Hardware bezeichnet werden. Sie komplettieren das Computersystem in seinem Funktionsumfang. Welche Peripheriegeräte zum Einsatz kommen, ist natürlich vom Anwendungsgebiet des PC's abhängig. Bestimmte Peripheriegeräte werden aber eigentlich bei so gut wie jedem PC bzw. Anwendungsgebiet verwendet. Diese sind z. B. Monitor, Wireless-LAN Adapter, Bluetooth Adapter, natürlich Tastatur und Maus, Soundsystem (PC-Boxen), Drucker etc. In diesem Bereich gibt es auch bestimme Stichpunkte, die abhängig vom Anwendungsgebiet sind. Nach diesen wird entschieden, welche Peripherie zum eigenen Computersystem passt. Folgend werden ein paar Beispiele zu Peripheriegeräten gegeben, die den einzelnen Anwendungsgebieten entsprechen:

Monitor:

Der PC-Monitor wird natürlich in jedem Anwendungs-bereich benötigt. Ohne ihn kann der PC nicht verwendet werden. Jedoch gibt es nur für den Gaming sowie Video & Bildbearbeitungsbereich bestimme Spezifikationen, die bei der Monitorwahl beachtet werden müssen. Grundlegend ist die erste Frage, wie groß der Monitor sein soll. Hier spielt der eigene Geschmack natürlich auch eine Rolle. Die Größe der Monitore wird wie bei Fernsehern in Zoll bemessen. Der gängige Durchschnittswert liegt hier bei 23 bzw. 24 Zoll. Im Gamingbereich ist es wichtig auf die Auflösung des Monitors zu achten. Der aktuelle Standard liegt bei Full HD. Full HD bietet eine Auflösung von 1920x1080 Bildpunkten.

Diese Auflösung gewährleistet auch ein Bild im 16:9 Format, ohne es zu verzerren. Ein Gaming-Monitor muss mindestens diese Full HD-Auflösung besitzen. Der zweite Punkt ist, die Reaktionszeit. Ein guter Monitor für Videospiele sollte eine Reaktionszeit von ca. 5ms (5 Millisekunden) haben. Gerade wenn schnelle Videospiele gespielt werden, finden schnelle Bildwechsel auf dem Monitor statt. Wenn der Monitor keine schnelle Reaktionszeit besitzt, entstehen dadurch Schlieren auf dem Bild. Daher ist es sehr wichtig auf die angegebene Reaktionszeit des Monitors zu achten. Im Video und Bildbearbeitungsbereich gelten dieselben Richtlinien, nur das hier auch die Hertzzahl des Monitors einen wichtigen Punkt darstellt. Die Hertzzahl bestimmt die Bildwiederholungfrequenz des Monitors. Das bedeutet wie viele Bilder in einer Sekunde dargestellt werden können. Ein guter Durchschnittswert liegt hier zwischen 70 und 100 Hertz. Je höher der Wert ist desto besser ist der Monitor. Auch ist es von Vorteil, wenn der Monitor im Video und Bildbearbeitungsbereich ein größeres Format hat. Hier erweist sich eine Größe zwischen 27 bis 30 Zoll als sinnvoll. Beispiel für Gaming/Video & Bildbearbeitung:

- **Gaming**: LG 23MB35PH-B, LED/Preis: ca.150€
- **Video & Bildbearbeitung**: Samsung S27E391H LED/Preis: ca.220€

Für den Bildbearbeitungsbereich gibt es noch ein spezielles Peripheriegerät was erwähnt werden muss. Dies ist ein Grafiktablett. Dieses Gerät kann dazu verwendet werden, um komplexe Zeichnungen auf dem PC zu kreieren oder um Bilder viel einfacher und wirkungsvoller zu bearbeiten.

Ein Grafiktablett kann man sich wie ein Brett vorstellen, auf dem man mit einem Stift (der im Lieferumfang enthalten ist) direkt zeichnen kann wie auf einem Blatt Papier, nur das es direkt auf dem PC-Monitor sichtbar gemacht wird. Dieses Grafiktablett stellt eine wichtige Erweiterung für den PC im Bildbearbeitungsbereich dar. Der wohl bekannteste Hersteller ist hier WACOM. Beispiel:

- Wacom One Grafiktablett/Preis: ca.100€

Mit einem guten Bildbearbeitungsprogramm wie Photoshop kann man mit solch einem Grafiktablett wahre Wunderwerke erschaffen. Ein weiteres Peripheriegerät ist der Wireless LAN Adapter. Dieser USB Adapter wird dazu genutzt, um ein kabelloses Netzwerk mit dem PC herzustellen, z. B. für eine Internetverbindung. Daher ist dieses Peripheriegerät für jeden Anwendungsbereich sinnvoll. Speziell für den Entertainment- & Multimediabereich. Denn hier befindet sich der Mediacenter-PC im Wohnzimmer. Daher ist es sehr ungünstig, wenn hier ein Netzwerk bzw. eine Internetverbindung über ein LAN Kabel hergestellt werden muss. Hier muss nur darauf geachtet werden, das der WLAN USB Stick eine ausreichende und schnelle Übertragungsrate unterstützt. Ein Durchschnittswert zwischen 150 und 300MB sollte gegeben sein. Beispiel:

- AVM FRITZ!WLAN USB Stick N v2/Preis: ca.23€

Bluetooth-Adapter werden auch zur kabellosen Verbindung zwischen Gerät und PC verwendet. PC-Soundboxen sowie Tastaturen und Mäuse können so z. B. mit dem PC verbunden werden. Beispiel:

- Digitus Bluetooth 4.0 Tiny/Preis: ca.7€

- Tastatur: LOGILINK ID0052/ Preis: ca.18€
  Maus: TeckNet BM306/Preis: ca.14€

Im Gamingbereich erweist sich so ein Bluetoothadapter als sehr sinnvoll, mit ihm können kabellose Controller mit dem PC verbunden werden. Beispiel:

- iPega PG-9037/ Preis: ca.22€

Auch im Entertainment & Multimedia Bereich, kann dieser Bluetooth USB Adapter sehr nützlich sein. Hier gibt es ein breites Angebot an Fernbedienungen, um die Steuerung des Mediacenters zu vereinfachen. Beispiel:

- Satechi ST-BTRM1/Preis: ca. 35€

Die Soundausgabe eines Computers kann auch ein wichtiger Punkt sein. Gerade im Musikbereich, werden Soundsysteme mit hoher Qualität gebraucht. Beispiel:

- Edifier S530D Rev.2/ Preis: ca.235€

Dieses Soundsystem stellt mit seinem Preis natürlich das Optimum dar. Hier gibt es wie in den anderen Peripherie- oder Hardwarebereichen ein großes Angebot, auch mit qualitativ guten und preiswerten Systemen. Hier ein Beispiel zu einem herkömmlichen Soundsystem:

- Creative A250/Preis: ca.30€

Ein sinnvolles Gerät im Office Bereich stellt z. B. ein Drucker dar. Von großem Vorteil ist es, dass aktuelle Drucker eine WLAN Funktion haben. Das bedeutet, dass sie über ein Netzwerk kabellos mit dem PC verbunden werden können. Beispiel:

- HP ENVY 4520/Preis: ca.70€

Kapitel 3. Zusammenbau

Gegen der Meinung vieler, ist der Zusammenbau eines Computers nicht sehr schwer. Grob gesagt kann hier eigentlich nicht viel falsch gemacht werden, da so gut wie alle PC-Komponenten nur in einen, genau für dieses Bauteil bestimmten Steckplatz passen. Auch viel Werkzeug wird hier nicht benötigt. Lediglich folgende Werkzeuge sind für den Bau notwendig:

- Kreuzschlitzschraubenzieher (am besten in ein paar unterschiedlichen Größen)
- Schlitzschraubenzieher
- Spitzzange
- Pinzette

Diese Werkzeuge sollten, bevor man mit dem Zusammenbau beginnt, zurechtgelegt werden. Am besten sucht man sich einen ausreichend großen Arbeitsplatz aus, wie z. B. einen großen Küchentisch oder falls vorhanden eine Werkbank. Wichtig ist es zu wissen, dass die PC-Komponenten empfindlich sind, daher sollte man beim Auspacken behutsam vorgehen. Statische Entladungen, seitens der eigenen Hände, können die PC-Bauteile beschädigen Deswegen ist es wichtig, vorher einmal an eine Heizung zu greifen. Dadurch können diese Entladungen beim Zusammenbau nicht mehr vorkommen. Ideal ist es, wenn vorher ein großes Tuch oder mehrere kleine Tücher (Zeitungen, Kartons oder Zeitschriften würden den Zweck hier auch erfüllen) ausgelegt werden um dort alle PC-Komponenten zurechtzulegen. Nun kann mit dem Bau begonnen werden. Als erstes beginnt man immer mit dem Mainboard und dem Gehäuse.

Beim Gehäuse muss erst die Seitenwand entfernt werden. Wenn man auf die Vorderseite des Gehäuses blickt ist es die linke Seitenwand. Diese Seitenwände sind entweder gesteckt oder hinten am Gehäuse verschraubt. Die Seitenwand wird dann mit einem kleinen Ruck nach hinten hin weggeschoben. Nun wird das Gehäuse in eine waagerechte Position gelegt. Dies sollte dann so aussehen:

Wenn man das Mainboard ausgepackt hat, findet man in einer kleinen Plastiktüte mit Zubehör, kleine Metallzylinder (oft mit Vierkantform), die ein kurzes Gewinde besitzen. Diese sehen so aus:

Diese kleinen Metallzylinder werden als Mainboard-Abstandshalter bezeichnet. Der Zweck der Abstandshalter besteht darin, dass das Mainboard nicht direkt auf der Seitenwand des Gehäuses liegt. Da diese Seitenwand aus Metall besteht und damit stromleitend ist, würde das Mainboard bzw. auch die PC-Komponenten beim erstmaligen einschalten des PC's direkt kaputtgehen. Daher sind die Abstandshalter sehr wichtig. Diese Abstandshalter werden in vorgebohrte Löcher des Gehäuses gedreht. Diese Löcher sind beim Öffnen des Gehäuses direkt an der gegenüber liegenden Wand zu sehen (Bild 1. mit roten Kreisen markiert!). PC-Gehäuse haben immer mehr vorgebohrte Löcher als gebraucht werden. Der Grund dafür ist die Möglichkeit, Mainboards verschiedener Größen (Formate) einbauen zu können. Nun nimmt man erstmal das Mainboard zur Hand und positioniert es vorsichtig in das Gehäuse, um festzustellen, in welche Löcher die Abstandshalter gedreht werden müssen. Mainboards haben im Durchschnitt sechs bis acht Löcher, die zur Befestigung vorgesehen sind. Jedoch ist es nicht unbedingt notwendig, jedes Loch zu benutzen, um für Festigkeit zu sorgen. Grundsätzlich befinden sich bei jedem Mainboard erstmal vier Löcher in allen Ecken. Zusätzlich befinden sich in der Mitte immer ca. zwei bis drei Löcher. Das Mainboard sollte so ausgerichtet werden, dass durch alle vier Löcher in den Ecken sowie zumindest ein oder zwei Löcher in der Mitte, die vorgebohrten Löcher im Gehäuse zu erkennen sind. Falls dies nicht sofort zu erkennen sein sollte, kann hier eine kleine Taschenlampe zur Hilfe genommen werden. Die Position der ausgewählten Löcher im Gehäuse müssen vorgemerkt werden. Jetzt wird das Mainboard wieder herausgeholt und die Abstandshalter in die ausgewählten Löcher des Gehäuses gedreht.

Die Abstandshalter können in der Regel mit der Hand eingedreht werden. Jedoch ist es nicht schlecht, hier mit der Zange ein wenig nachzuhelfen, um die Festigkeit zu gewährleisten. Wichtig ist es, die Abstandshalter nicht zu fest einzudrehen, sonst kann es passieren das das Gewinde überdreht wird. Nachdem die Abstandshalter eingedreht worden sind, muss noch die Anschlussblende (auch I/O Blende genannt) installiert werden. Sie dient als Öffnung bzw. Verschluss für die sich später hinten am PC-Gehäuse befindenden Anschlüsse wie z. B. USB, Maus und Tastatur, Netzwerkanschluss, Soundanschluss. Diese Blende sieht folgendermaßen aus:

Diese Anschlussblende wird einfach nur von innen (also im Gehäuse) nach außen gesteckt, hier muss nichts verschraubt werden. Die gewällten Ränder dieser Blende müssen nach außen (also aus dem Gehäuse raus) zeigen, da sie aber nur in einer Position passt, kann hier nicht viel falsch gemacht werden. Worauf hier geachtet werden muss ist, dass die Anschlussblende nicht verkehrtherum eingesetzt wird. Sie muss so eingesteckt werden, dass sie mit den hinteren Anschlüssen des Mainboards (Bild 3. Nr.25) übereinstimmt. Nun wird das Mainboard wieder in der gleichen Position ins Gehäuse gelegt (siehe Separate CPU Lüfter/Kühler). Die zur Befestigung des Mainboards vorgesehen Schrauben werden jetzt durch die Löcher im Mainboard in die Abstandshalter festgeschraubt.

Diese Schrauben sind an einem feinen Gewinde zu erkennen. Darauf muss geachtet werden, da es ähnliche Schrauben mit groben Gewinde gibt. Wenn hier versucht wird, die falsche Schraube einzudrehen, kann das Gewinde der Abstandshalter kaputtgehen. Auch hier müssen die Schrauben vorsichtig festgezogen werden. Keinesfalls dürfen die Schrauben zu stark angezogen werden, sonst kann das Mainboard hier Schaden nehmen. Nachdem die Befestigung des Mainboards fertiggestellt ist, sollte das ganze so aussehen:

Bild 2.

Jetzt kann damit begonnen werden, alle übrigen PC-Komponenten zu verbauen bzw. ins Mainboard zu stecken.

Es folgt ein Bild eines gängigen Mainboards, mit einer Erläuterung der jeweiligen Anschlüsse sowie einer Nummerierung wo die einzelnen PC-Komponenten eingesteckt werden müssen:

Das Mainboard befindet sich auf dem Bild in der waagerechten Position, im Gehäuse steht es senkrecht!

1. Prozessor Sockel

2-3. Arbeitsspeicher (RAM)

4-5. (7.) Grafikkarte (PCIe x16 Steckplatz)

6-8. Separate Karten (PCIe 2.0) wie z.B. Soundkarte

9-11. Festplatten (SATA III Anschlüsse)

12-13. veralteter Festplatten Anschluss (IDE)

14. Netzteil Anschluss für Strom

15. Zusätzlicher Stromanschluss für den Prozessor

16. Anschlüsse für An & Aus Schalter/Neustart etc.

17-19. Steckplätze für externe USB Anschlüsse

20. Prozessor Lüfter/Kühler

21-24. Anschlüsse für Gehäuselüfter

25. Anschlüsse für Tastatur, Maus, Netzwerk, Sound

Zusätzliche Informationen:

Der Steckplatz bei Nr.7 ist wie beschrieben ein separater Anschluss. Dieser kann aber nur mit einer weiteren Grafikkarte genutzt werden. Dies wäre hier aber nicht zu empfehlen, da weiß gekennzeichnete PCIe Steckplätze einen älteren und langsameren Standard signalisieren. (wie z.B. PCIe 2.0 8x). Die erwähnten „IDE" Steckplätze für Festplatten bei Nr. 12 und 13 stellen, wie schon vermerkt wurde, einen veralteten Standard dar. Diese Steckplätze sind sporadisch noch auf manchen Mainboards zu finden, werden aber so gut wie gar nicht mehr genutzt. Die Anschlüsse für Gehäuselüfter bei Nr. 21 bis 24, erkennt man immer sehr leicht daran, dass sie meistens nur 3 bis 4 Pins haben und weiß sind. Diese Lüfter werden dann an die Vorder- und Hinterseite des PCs bzw. Gehäuses verbaut. Bei den externen Anschlüssen bei Nr.5 ist zu erwähnen, dass sich diese Anschlüsse später an der Hinterseite des Gehäuses befinden. Sie werden später von der erwähnten Anschlussblende umschlossen.

Als nächstes wird der Prozessor (CPU) in den dafür vorgesehenen Sockel (Nr.1) auf dem Mainboard platziert. Dies muss auch mit größter Vorsicht gemacht werden, da sich die kleinen Metallpins an der Unterseite des Prozessors, bei einer falschen Positionierung auf dem Sockel verbiegen können. Um die Positionierung zu vereinfachen, befindet sich auf der Oberseite des Prozessors in einer Ecke ein kleines Dreieck. Auf dem Sockel des Mainboards ist dieses Dreieck auch zu erkennen. Beim Sockel befindet sich auch auf einer Seite ein kleiner Metallhebel bzw. Bügel. Dieser Bügel muss erst nach oben gezogen werden, damit der Prozessor eingesteckt werden kann. Daher kann hier nicht viel falsch gemacht werden, es muss nur darauf geachtet werden, dass die beiden Dreiecke zueinander liegen. Wenn die Position des Prozessors auf dem Sockel richtig ist, fällt er regelrecht ohne irgendeinen Wiederstand hinein. Sitzt der Prozessor korrekt im Sockel, muss der erwähnte Metallbügel wieder nach unten gedrückt werden. Damit rastet der Prozessor ein und kann nicht mehr rausrutschen oder -fallen. Das Netzteil ist die nächste Komponente die eingesetzt wird. Hier muss erstmal darauf geachtet werden, wo sich an der Hinterseite des Gehäuses die Öffnung für das Netzteil befindet. Diese Öffnung ist rechteckig und befindet sich in der Regel auf der Hinterseite oben links (Bild 1. blaues Rechteck V1.). Jedoch gibt es manche Gehäuse die die Netzteilöffnung unten links oder rechts haben können (Bild 1. Blaues Rechteck V2.). In der Regel befindet sich dort wo die Öffnung ist, innen im Gehäuse eine Einbuchtung wo das Gehäuse direkt richtig positioniert werden kann. Ist dies geschehen muss das Netzteil mit den beigefügten Schrauben von der Außenseite (hinten) des Gehäuses verschraubt werden. Vier Schrauben werden benötig.

Als nächstes wird der Lüfter bzw. Kühler des Prozessors eingebaut. Hier müssen einige wichtige Punkte beachtet werden. Bevor der Lüfter auf den Prozessor gesetzt wird, muss eine Kühlpaste auf den Prozessor verteilt werden. Meistens ist eine kleine Tube bei dem jeweiligen Lüfter mit im Lieferumfang enthalten. Wenn nicht, muss diese Kühlpaste separat gekauft werden (Preis: ca.5€). Hier muss aber nicht viel davon auf dem Prozessor verteil werden. Ein kleiner Tropfen in jeder Ecke des Prozessors sowie einer in der Mitte reicht vollkommen aus. Benutzt man jetzt den mitgelieferten Lüfter, kann dieser ohne größeren Aufwand eingesetzt werden. Wird aber ein separat erworbener Lüfter verwendet, kann dies schon ein wenig komplizierter werden. Mitgelieferte Lüfter können direkt auf den Prozessor gesetzt werden. Diese Lüfter werden mit vorhandenen Bügeln an das Mainboard bzw. an den Prozessor festgemacht. Hierfür befindet sich eine Art Plastikrahmen um den Prozessorsockel herum (also auf dem Mainboard). An den Unterseiten dieses Rahmens befinden sich kleine Haken, an denen der Metallbügel des Lüfters eingesetzt wird. Um dies zu bewerkstelligen, muss der Lüfter erst an einer Seite eingehakt werden. Dann muss mit relativ großer Kraft die gegenüberliegende Seite des Lüfters nach unten gedrückt und wiederum auch eingehakt werden. Hierzu gehört ein wenig Geschick, aber mit ein bisschen Geduld wird die Montage keine Probleme bereiten.

Separate CPU Lüfter/Kühler

Bei separaten Lüftern wird eine ganz andere Technik zur Befestigung verwendet. Diese Lüfter können in der Regel nur vor dem Einsetzen des Mainboards ins Gehäuse eingebaut werden. Hierzu sollte vorher die beim Lüfter beiliegende Montageanleitung genau angeschaut werden. Die Befestigungstechnik kann sich bei separaten Lüftern unterscheiden. Bei diesen Lüftern ist meistens eine Platte (kreuzförmig) dabei, die an die Rückseite des Mainboards gehalten werden muss, damit von vorne der Lüfter in diese Platte verschraubt werden kann. Dies kann sich für eine Person als Schwierigkeit beim Bau erweisen, da der Lüfter richtig positioniert und dann festgeschraubt werden muss. Mit einer Hand ist dies nicht so einfach. Was man hier machen kann ist z. B. die kreuzförmige Platte auf der Rückseite des Mainboards richtig zu positionieren, um dann das ganze gegen einen Karton oder ein Kissen senkrecht stehend zu lehnen. Mit dieser Methode kann man von der anderen Mainboardseite, den Lüfter richtig ansetzen und verschrauben. Hat man hier einen Bekannten zur Hilfe stehen, der den Lüfter von der anderen Seite halten kann, vereinfacht das den Prozess.

Zusammenbau Teil II

Jetzt wird der Arbeitsspeicher in die Steckplätze bei Nr.2-3 verbaut. Wie man hier erkennen wird, haben die Steckplätze für den Arbeitsspeicher unterschiedliche Farben. Zwei sind blau und die anderen beiden schwarz. Wenn zwei Arbeitsspeicherriegel vorhanden sind (was in den meisten Fällen so ist), müssen diese immer in gleichfarbige Steckplätze gesteckt werden. Damit kann der Arbeitsspeicher im sogenannten „Dual Channel" Modus arbeiten.

Dieser gewährleistet eine höhere Geschwindigkeit (siehe Kapitel „Arbeitsspeicher"). Am besten wählt man hier die beiden blauen. Hier müssen erstmal die weißen Hebel an den äußeren Enden der Steckplätze nach oben hin geöffnet werden. Der Arbeitsspeicher kann nur in eine Position eingesteckt werden. An der Unterseite erkennt man eine kleine Nut bzw. Einbuchtung, diese muss meistens zum Boden des Gehäuses zeigen, damit der Arbeitsspeicher eingesteckt werden kann. Ebenfalls befindet sich in den erwähnten weißen Hebeln eine Nut, hier muss der Arbeitsspeicher mit der besagten Unterseite eingeführt werden und mit leichtem Druck reingedrückt werden, bis die weißen Hebel automatisch wieder einrasten.

Die Festplatten und Laufwerke sind die nächsten Komponenten die einbaut werden müssen. Im Innenraum des Gehäuses befinden sich in der Nähe der Vorderseite (Bild 1. gelb gekennzeichnet), Einschubschächte für die Festplatten. Dadurch ist der Einbau der Festplatten sehr einfach gestaltet. Die Festplatten werden in die Schächte geschoben, bis die vorgebohrten Löcher in den Seitenwänden der Schächte mit denen der Festplatte übereinstimmen. Hier muss nur darauf geachtet werden, das die Seite mit den Anschlüssen der Festplatte immer in Richtung des Mainboards zeigt, damit sie später auch angeschlossen werden können. Da SSD Festplatten kleiner sind als HDD Festplatten (SSD: 2,5 Zoll; HDD: 3,5 Zoll), muss hier ein Einbaurahmen für den Festplattenschacht verwendet werden. Bei einigen Modellen ist dieser Einbaurahmen schon im Lieferumfang enthalten, jedoch nicht bei jedem. Falls der Rahmen, bei der gewählten SSD nicht beiliegt, muss dieser separat erworben werden. Diese Rahmen sind aber sehr günstig, der Preis liegt bei ca. 5€. Die SSD Festplatte wird mit diesen Rahmen verschraubt.

Dazu befinden sich beim Rahmen oder bei der SSD vier passende Schrauben. Danach wird die SSD mit dem Rahmen in den Festplattenschacht geschoben und nach der gleichen Methode verschraubt wie die gewöhnliche HDD. Bei den Laufwerken erfolgt der Einbau nach dem gleichen Prinzip nur mit dem Unterschied, dass vorher die Metallblenden an der Vorderseite des PC's entfernt werden müssen. Bevor dies gemacht werden kann, muss unter Umständen die Plastikabdeckung an der Vorderseite des Gehäuses entfernt werden. Diese Plastikabdeckung ist nur gesteckt, daher kann sie mit einem kleinen Ruck entfernt werden. Im Regelfall können diese Metallblenden erst mit der Oberseite und dann mit der Unterseite einfach nach innen gebogen werden, bis sie sich von dem Rahmen lösen. Falls dies nicht sofort klappt, hilft man hier mit mehrmaligen Kippbewegungen oder mit einer Kneifzange nach. Sind die Metallblenden entfernt worden, können die Laufwerke von der Außenseite des Gehäuses (Vorderseite) aus zum Innenraum geschoben werden. Hier sind auch, wie bei den Festplatten, Laufwerksschächte vorhanden (Bild 1. Orange). Die Anschlüsse des Laufwerks müssen natürlich auch zum Innenraum des Gehäuses zeigen. Hier muss auch darauf geachtet werden, dass die Löcher des Laufwerks mit denen des Gehäuses übereinstimmen bzw. dass die Vorderseite des Laufwerks bündig mit dem Gehäuse abschließt. Danach können die Festplatten und Laufwerke mit dem Gehäuse verschraubt werden. Dazu muss auch die andere Seitenwand des Gehäuses entfernt werden, damit die Festplatten und Laufwerke von beiden Seiten aus verschraubt werden können. Dazu muss es wieder aufrecht gestellt werden. Pro Festplatte bzw. Laufwerk werden vier Schrauben gebraucht, zwei von links und zwei von rechts.

Die Grafikkarte wird als nächstes eingebaut. Hierzu muss das Gehäuse wieder mit der Öffnung nach oben hingelegt werden. Nun müssen zwei Metallblenden auf der Rückseite des Gehäuses entfernt werden. Durch die dadurch entstehende Öffnung sind später die Anschlüsse der Grafikkarte zusehen. Im Regelfall werden diese Blenden genau wie die der Laufwerke entfernt, also durch hin und her biegen. Bei manchen Gehäusen kann es aber vorkommen das diese Blenden verschraubt sind. Wie leicht zu erkenne ist befinden sich auf einer Seite der Grafikkarte, Kontakte und eine kleine Nut. So wie beim Arbeitsspeicher muss diese Seite in den PCIe Anschluss des Mainboards gesteckt werden. Der Lüfter der Grafikkarte muss dabei zum Boden des Gehäuses dabei zeigen. Dabei muss die Grafikkarte so positioniert werden, dass die Anschlüsse der Karte zur Hinteren Außenseite des Gehäuses zeigen (also zu den erwähnten Öffnungen)! An diesen Anschlüssen wird später der PC Monitor eingesteckt. PCIe Steckplätze für Grafikkarten haben in der Regel einen kleinen Klippverschluss auf der rechten Seite. Das bedeutet das wenn die Grafikkarte eingesteckt wird, ein leises Klicken zu hören ist. Dieser Klippverschluss dient zur Festigung der Grafikkarte am Mainboard. Ist die Grafikkarte eingesteckt worden, muss sie jetzt noch mit zwei Schrauben am Gehäuse festgemacht werden. Die Löcher für die Schrauben sind dort zu finden, wo die Metallblenden an der Rückseite des Gehäuses entfernt wurden.

Jetzt werden die eingesteckten PC Komponenten, mit den beiliegenden Kabeln an das Mainboard angeschlossen. Als erstes beginnen wir mit dem Kabel des Prozessor Lüfters. Dieses muss an den Anschluss bei Nr.20 (Bild 1.) eingesteckt werden.

Dieser Anschluss für den Prozessor Lüfter, ist auch immer leicht daran zu erkennen, dass sich der kleine Schriftzug: „CPU FAN" darüber oder darunter befindet! Hier ist auch eine kleine Nut am Anschluss zu erkennen, daher passt der Stecker des Kabels nur in einer Position. Die Festplatten und Laufwerke werden mit SATA Kabeln an das Mainboard angeschlossen. Diese SATA Kabel liegen in der Regel dem Mainboard oder sogar den Festplatten bzw. Laufwerken bei. Beispiel für ein SATA Kabel:

Wenn die Farbe des SATA Kabels rot ist, deutet das auf eine Kompatibilität mit einem SATA III Anschluss und einer Übertragungsrate von 6GB/s, hin. Wie man erkennen kann besitzt der Anschluss eines SATA Kabels einen kleinen Knick nach unten. Daher passt dieser Stecker bzw. dieses Kabel auch nur in einer Position. Hier kann, so wie bei einigen vorherigen Schritten des Zusammenbaus, nicht viel falsch gemacht werden. Der Stecker an den Festplatten oder Laufwerken ist derselbe wie auf dem Mainboard, daher gibt es hier auch keine korrekte Richtung zu beachten.

Was beachtet werden muss ist die Reihenfolge, wie die Festplatten bzw. Laufwerke an die SATA Anschlüsse gesteckt werden. Das Mainboard besitzt mehrere SATA Anschlüsse mit einer Nummerierung, die von der Anzahl der vorhandenen Steckplätze abhängig ist. Diese Nummerierung kann von 0 oder 1 bis etc. gehen. Als erstes werden immer die Festplatten angeschlossen und dann werden an den übrigen SATA Anschlüssen die Laufwerke eingesteckt. Die Systemfestplatte (also die SSD) muss immer an den Steckplatz 0 oder 1 geschlossen werden (also immer an den ersten der vorhandenen Nummerierung). Danach wird die HDD an den nächsten angeschlossen (z.B. 1 oder 2). Falls mehr als zwei Festplatten vorhanden sind setzt man die Reihenfolge dementsprechend fort bis man zu den Laufwerken kommt. Erst wird eine Seite des Kabels ans Mainboard gesteckt (Bild 1. Nr. 9, 10, 11) und dann die andere Seite (Stecker) mit der Festplatte oder dem Laufwerk verbunden.

Nun muss die Stromversorgung für das Mainboard hergestellt werden. Dafür benutzt man den Netzstecker des Netzteils. Dieser ist rechteckig und sieht so aus:

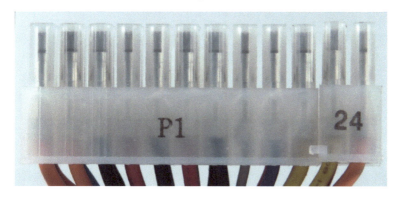

Dieser Netzstecker muss in den Anschluss mit der Nr. 14 (Bild 1.) gesteckt werden. In der Mitte des Netzsteckers befindet sich ein kleiner Klipp (hier auf dem zweiten Bild zu sehen). Dazu entsprechend besitzt der Anschluss auf dem Mainboard eine kleine Halterung für diesen Klipp, auch hier kann der Stecker nur in einer Position eingesetzt werden.

Als nächstes werden die Festplatten und Laufwerke mit dem Netzteil verbunden. Der Anschluss für das Netzteil befindet sich bei den Festplatten und Laufwerken immer links vom SATA Anschluss (Sicht von oben bzw. wenn die Komponenten schon verbaut sind). Der SATA Stromstecker für Festplatten und Laufwerke sieht so aus:

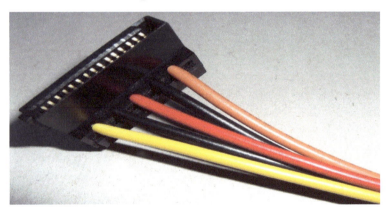

Wie man erkennen kann, besitzt der SATA Stromanschluss, genau wie der gewöhnliche SATA Anschluss (für Daten), einen kleinen Knick nach unten. Damit passt auch dieser Stecker nur in einer Position. Abhängig von der große des Gehäuses bzw. vom vorhandenen Platz, kann es vorkommen das erst der normale SATA Daten Stecker entfernt werden muss, um das SATA Stromkabel einstecken zu können.

Nun muss die Grafikkarte auch mit Strom versorgt werden. Wenn die Grafikkarte schon eingebaut ist, befindet sich der Stromstecker immer auf der rechten Seite.

Meistens sind die Stromstecker für Grafikkarten rot, blau oder schwarz gefärbt. Der Stromstecker des Netzteils (auch PCI-E Stecker genannt) sieht folgendermaßen aus:

Dieser Stecker besteht aus sechs Kontakten und besitzt in der Mitte auch einen Klipp zum Befestigen. Daher gibt es auch hier nur eine Position wieder der Stecker angeschlossen werden kann.

Der Prozessor braucht genau wie Grafikkarte, auch eine eigene Stromquelle. Jedoch befindet sich der Stromstecker in der Nähe des Sockels bei Nr.15 (Bild 1.) auf dem Mainboard. Der Stecker für den Stromanschluss sieht so ähnlich wie der PCI-E Stecker aus, nur das dieser hier aus vier Kontakten besteht:

Die Anschlusstechnik besteht hier, genau wie beim PCI-E Stecker, aus einem Klipp (auf dem Bild oben zu sehen). Da diese Konfiguration des Computers die Basis darstellt, wären hiermit alle PC Komponenten die eine separate Stromquelle benötigen, mit dem Netzteil verbunden. Abhängig vom Anwendungsgebiet, kommt es natürlich vor das auch mehr Komponenten verbaut werden müssen. Deswegen muss darauf geachtet werden, wie viele Anschlüsse das gewählte Netzteil zur Verfügung hat!

Jetzt müssen die Gehäuse Lüfter (Vorne, hinten) mit dem Mainboard verbunden werden. Hier kommt es darauf an ob die Gehäuse Lüfter schon verbaut sind, also im Lieferumfang enthalten sind. Oder ob sie erst gekauft bzw. eingebaut werden müssen. Falls dies der Fall ist, muss darauf geachtet werden, welchen Durchmesser der Lüfter haben muss, damit er ins Gehäuse passt. In der beiliegenden Beschreibung des Gehäuses findet man Angaben dazu. Beispiel für einen Gehäuselüfter:

Wie man sieht, befinden sich in allen vier Ecken, Löcher für die Schrauben (im Lieferumfang enthalten). Nun müssen die Lüfter so ausgerichtet werden, das die beschriebenen Löcher mit denen im Gehäuse übereinstimmen. Ein Lüfter wird an der Vorderseite unten angebracht Bild 1. Grün gekennzeichnet (pustet kalte Luft rein), einer an die Rückseite, oben von innen Bild 1. Grün gekennzeichnet. (pustet warme Luft raus). Beim Einbau des Lüfters auf der Vorderseite muss darauf geachtet werden wie er angebracht werden muss. Denn bei manchen Gehäusen befindest sich der Lüfter zwischen Vorderblende und Gehäuse, bei andere muss der Lüfter innen im Gehäuse angebracht werden! Die ist auch in der beiliegenden Beschreibung zum Gehäuse zu finden. Mit dieser Konfiguration, entsteht ein sogenannter Umluft Kreislauf im Gehäuse! Jetzt werden die Kabel der Lüfter nach Innen verlegt und an die Anschlüsse Nr.21-24 (Bild 1.) auf dem Mainboard gesteckt. Welche hierfür verwendet werden ist nicht wichtig, da alle Anschlüsse dieselben sind. Anbieten tun sich die am nächsten zum Lüfter liegenden. Damit wird bewerkstelligt das die Kabel im Gehäuse keine Spannung aufweisen, sondern immer locker sind.

Jedes aktuelle Gehäuse hat mindestens zwei USB Anschlüsse an der Vorderseite zu bieten. Die Kabel für dieses USB Anschlüsse befinden sich lose im Gehäuse. Die Stecker dieser USB Kabel sind rechteckig und meistens blau, rot oder schwarz gefärbt. Beispiel:

Diese USB Kabel müssen in die Anschlüsse Nr. 17-19(Bild 1.) (abhängig von der Anzahl extern verfügbarer USB Anschlüsse) gesteckt werden.

Langsam nähern wir uns der Zielgeraden! Als letztes müssen die Kabel für den „Ein & Aus" Schalter (Power SW), Neustart (Reset SW), Festplatten HDD LED, Strom LED (Power LED) und Speaker (Akustisches Anschalt-/Warn Signal) in die jeweiligen Anschlüsse gesteckt werden. Die beschriebenen Kabel sehen so aus:

Wie man hier auf dem Bild erkenne kann, sind die Kabel in der Regel beschriftet, dies erleichtert die Zuweisung! Die Anschlüsse befinden sich auf Bild 3. bei Nr. 16. Wie man erkennen kann, besitzen diese Anschlüsse keine Einbuchtung bzw. keinen Plastikrahmen. Hier ragen nur die Kontakte (auch Pins genannt) raus. Hier muss die beiliegende Beschreibung des Mainboards zu Rat gezogen werden. In der Beschreibung des Mainboards ist eine Zeichnung zu finden, in welcher Reihenfolge bzw. wo genau die Kabel eingesteckt werden müssen. Die Beschriftung der Kabel muss beim Einstecken immer nach oben zeigen!

Als nächstes sollten weitestgehend alle Kabelstränge (Hauptsächlich die vom Netzteil) mit Kabelbindern verbunden werden und in freie Laufwerks oder Festplatten Schächte soweit wie möglich reingeschoben werden. Damit wird verhindert das der Luftstrom im Gehäuse gestört wird. Nun kann der Computer wiederaufgerichtet werden, um die Seitenwände wieder zu befestigen.

Damit ist es auch geschafft! Der eigene PC ist fertiggestellt!

Bevor der Computer zum ersten Mal eingeschaltet wird, müssen natürlich erst die Peripheriegeräte wie Monitor, Tastatur, Maus, Boxen etc. angeschlossen werden. Um auch lange etwas von seinem eigenen Computer zu haben, muss er natürlich auch gepflegt und zwischendurch gewartet werden. Bei der Wahl wo der PC stehen soll, muss beachtet werden das der Computer nicht direkt an eine Wand oder etwaiges gestellt werden soll. Speziell nicht mit der Seitenwand, wo die Lüftungsschlitze zu sehen sind. Ein gewisser Abstand muss hier immer gegeben sein! Wichtig ist es auch den PC alle vier bis fünf Monate zu öffnen und zu reinigen. Über die Zeit sammelt sich viel Staub im Computer an. Wird dies zu viel, können PC Komponenten wie Lüfter, Grafikkarte etc. Schaden nehmen. Ab einer bestimmten Dichte kann Staub sogar stromleitend werden. Um die Reinigung zu erleichtern gibt es Sets mit Druckluft Sprays zu kaufen. Mit diesem Spray kann Staub ohne große Mühe aus allen Ecken herausgeholt werden. Darüber hinaus, muss damit nicht bei jeder Reinigung, der ganze PC auseinander gebaut werden.

Im nachfolgenden Kapitel wird der Mediacenter PC beschrieben!

Mediacenter PC

Wie im Kapitel zum Anwendungsgebiet „Entertainment und Multimedia" beschrieben wurde, unterscheidet sich der Mediacenter-PC (oder auch Barebone PC genannt) von seiner Technik bzw. seinem Aufbau her, im Wesentlichen nicht von einem gewöhnlichen PC. In diesem Anwendungsbereich ist die ganze Technik der PC Komponenten einfach nur kleiner und kompakter gehalten. Ein Unterschied der hier zu erwähnen ist, ist die Kühlung. Bei so gut wie jedem Mediacenter-PC, wird üblicherweise auf eine passive Kühlung gesetzt. Der Grund dafür ist die Lautstärke von aktiven Lüftern. Gerade wenn der Mediacenter PC im Wohnzimmer steht, kann das sehr störend sein.

Um den Mediacenter-PC zusammenzubauen, müssen die gleichen Schritte durchgegangen werden, die hier zuvor beschrieben wurden. Prinzipiell gesehen geht der Aufbau sogar ein wenig schneller und einfacher von statten, da bei den zu verwendenden mini ITX Mainboards in diesem Bereich, Prozessor, Kühler und Grafikeinheit (Karte) schon fest verbaut sind. Der Rest der PC-Komponenten wird nach dem gleichen Schema eines gewöhnlichen PC's eingebaut.

Hier ein Beispiel zu einem geöffneten Mediacenter-PC:

Man erkennt hier ganz klar das Aufbauschema eines normalen PCs. Unten links ist das Mainboard zu sehen, oben rechts das Netzteil, links vom Mainboard ist das Laufwerk zu sehen und sehr clever und platzsparend gelöst, ist die Festplatte unter dem Laufwerk verbaut. Prozessor und Grafikchip (Einheit) sind ja auf dem Mainboard schon fest integriert. Was hier noch speziell erwähnt werden muss, ist das Netzteil. Auf diesem Bild sieht man ein integriertes Netzteil. Es kann aber durchaus vorkommen, das auch ein externes kleineres Netzteil benutzt werden kann (Abhängig der verbauten Komponenten), wodurch natürlich auch die ins gesamte Größe des Mediacenter PCs auch kleiner wird. Dieser Punkt ist auch eine persönliche Geschmacksfrage! Der Passive Prozessor Kühler (Blau) ist hier auch nicht zu übersehen. So ein Kühler reicht für diesen Anwendungsbereich vollkommen aus.

Und nun viel Spaß mit dem eigenen PC!

Damit sind wir auch schon am Ende des Buches angelangt. Ich hoffe das es für jeden Leser lehrreich war bzw. ist und eine Bereicherung für alle Technikinteressierte darstellt!

Als Ergänzung ist hier noch ein Glossar mit den wichtigsten Begriffen der Computertechnik aufgeführt.

Urheberrechte

Für Anregungen und Fragen, stehe ich gerne unter folgender E-Mail-Adresse zur Verfügung:

Jsteiner.p@gmail.com

Glossar

APU: Verbindung zwischen CPU und GPU (Accelerated Processing unit)

ATX: Größenformat bei Mainboards

Big Tower: PC Gehäuse Form/Größe

Bluetooth: Datenübertragungstechnik

Blu-Ray: Aktueller Datenträger

Chipset: Chipsatz des Mainboards (dient zu Kommunikation der PC Komponenten)

CPU: Hauptprozessor des Computers (Central Processing Unit)

Crossfire: Technologie von AMD zum Betrieb von zwei Grafikkarten

Dual Channel: Arbeitsspeicher Technologie mit zwei parallellaufenden Datenkanälen

Gaming: Videospiele spielen

Grafikkarte: Gerät zur Bildberechnung vom Computer

GPU: Grafikprozessor/chip (Graphics processing unit)

Hardware: Oberbegriff für PC Komponenten und Peripherie

HDD: Festplatte (Hard Disc Drive)

Latenz: Reaktions-bzw. Verzögerungszeit beim Arbeitsspeicher

Midi Tower: Gehäuseform/Größe

Netzwerkadapter: Gerät für die Kommunikation zwischen mehreren Computern

Netzteil: Gerät für die Stromversorgung des Computers

PC: Personal Computer

Peripheriegerät: externe Hardware die an den PC angeschlossen wird (Monitor, Drucker etc.)

PCI-E: Steckplatztechnologie für separate Karten (Grafik, Sound etc.)

RAM: Arbeitsspeicher des Computers

SATA: Übertragungstechnik für Festplatten und Laufwerke

SSD: Neue Festplattentechnologie (Solid State Drive)

SLI: Technologie von Nvidia zum Betrieb von zwei Grafikkarten

Taktfrequenz: Bezeichnet die Anzahl der Arbeitsschritte einer PC Komponente (CPU, GPU)

WLAN: Kabellose Netzwerkverbindung